Bettina Flitner

MITTEN INS HERZ

Bettina Flitner

MITTEN INS HERZ

Reportagen & Installationen

Mit Textbeiträgen von
Klaus Honnef und Reinhold Mißelbeck

Edition Braus

Dieses Buch erscheint anläßlich der Ausstellung MEIN HERZ von Bettina Flitner
im Suermondt Ludwig Museum Aachen.

Gestaltung: Karen Scholz, Köln
Umschlagfoto Rückseite: Dietmar Gust, Berlin
Requisitenbau: Werkstatt für Theaterplastik, Berlin
Übersetzungen: Language Consultancy, Berlin und Barbara Frank, Bonn
Lithographie: Druckhaus Locher GmbH, Köln
Druck: Druckhaus Locher GmbH, Köln

ISBN 3-89466-230-1

INHALT

STRASSENFOTOGRAFIEN
von Klaus Honnef

Manchmal trennt nur eine Brandmauer im "globalen Dorf" des Medienzeitalters die feindlichen Welten voneinander. Obwohl die räumlichen Entfernungen mit wachsender Geschwindigkeit zusammenschießen, vertiefen sich die Gräben zwischen den Menschen auf engstem Raum, den Individuen und den Gesellschaften, den Ethnien und den Kulturen. Vor der Jahrtausendwende hat im Imaginieren künftiger Horizonte anstelle des fröhlichen und fast vergessenen Medienapoll Herbert Marshall McLuhan die Pythia Samuel P. Huntington Konjunktur. Nicht das wechselseitige Verständnis ist gewachsen, sondern der Wille zum Konflikt. Und augenscheinlich hat es auch der Tourismus allen hochgemuten Bekundungen zum Trotz nicht geschafft, selbst die primitivsten Vorurteile von Menschen gegenüber anderen Menschen zu schleifen. Bisweilen müssen bloß bestimmte Bedingungen erfüllt sein, damit sich Vorurteile in schierer Gewalt entladen. Die Namen der Orte, wo dies der Fall gewesen ist, sind zahlreich – in Deutschland und anderswo.

Bettina Flitner ist als Fotografin den Widersprüchen des menschlichen Daseins auf der Spur. Angesichts einer künstlerischen Disziplin, die als Medium zu apostrophieren man sich angewöhnt hat, ein eher problematisches Unterfangen. Gilt nicht die Fotografie als anschauliches Belegstück der Oberfläche schlechthin? So höhnte Bertolt Brecht, der sich nichts desto weniger mit Kenntnis und Interesse des technischen Bildmittels bediente, daß die fotografische Aufnahme einer Fabrik allenfalls das Äußere zeige und nichts zu berichten wisse vom Schuften der Arbeiter und der Abhängigkeit, der sie unterliegen. Kein grundloser Hohn. Die Fotografie hat das künstlerische Genre des Porträts in die artifizielle Ikone des Idols verwandelt; statt des Bildnisses einer individuellen Persönlichkeit erblickt man das Glanzfoto einer Prominentenmaske. Nicht einmal die erhellende Legende unter einer Aufnahme sorgt für Licht in der journalistischen Anwendung. Ein fotografisches Bild von Gisèle Freund über das hektische Treiben an der Pariser Börse erschien in einer französischen Zeitung mit der Fanfare "Hausse", in einer des nationalsozialistischen Deutschland mit der düsteren Proklamation "Baisse". Unterschiedliche ideologische Interessen leiteten die scheinbare oder tatsächliche Aufklärungsabsicht. Die Beispiele der Manipulation sind Legion.

Aber vielleicht hat das Wissen um den zwiespältigen Charakter des Mediums die Fotografin Bettina Flitner auch herausgefordert. Ein paar Indizien sprechen jedenfalls dafür. Ausgebildet als Cutterin hat sie in Berlin Film studiert und sich später als Spiel- und Dokumentarfilm-Regisseurin einen Namen gemacht. Gleichwohl entschied sie sich für die Fotografie, zunächst sporadisch, sodann professionell. Als journalistische Fotografin erwarb sie sich frühe Meriten. Seit dem Beginn der neunziger Jahre infiltriert sie den Kunstbetrieb – und sprengt seine Grenzen auf. Die Situation der Grenze scheint sie zu faszinieren. Sowohl im konkreten als auch im metaphorischen Sinne. Grenzen markieren für sie allerdings keine unüberschreitbaren Trennungslinien, sondern bergen Möglichkeiten zur Überwindung. Insofern scheint sie im Strom der zeitgenössischen Kunst zu schwimmen, der längst alle Grenzen übertreten hat und sich in einer Landschaft der Beliebigkeit behäbig dahinwälzt. Doch im Gegensatz zu vielen Künstlerinnen und Künstlern, denen das Überschreiten von Grenzen zur Routine wurde, ist sich Bettina Flitner des Phänomens der Grenze bewußt, und dieses Bewußtsein unterfängt ihre gesamte fotografische Tätigkeit, durchzieht sie wie ein roter Faden.

Zunächst ganz konkret: Sie befand sich in Berlin, als im November 1989 die Mauer Löcher bekam. Und sie fotografierte die Menschenmasse, die sich am Durchlaß der Bornholmer Straße formierte, noch ehe die Schranken sich hoben. Zufall? Professioneller Instinkt? Auftrag? Sicherlich symptomatisch für ihre Haltung. Noch mehr als die politischen interessieren sie freilich die Grenzen, die gesellschaftliche Konvention von individuellem Empfinden scheiden. Die brüchigen Stellen im Netz der kulturellen Übereinkünfte und Zwänge, jene Stellen, durch die mitunter hindurchschlüpft, was Erziehung und sozialer Druck gewöhnlich niederhalten. Sie hat beobachtet und mit der Kamera aufgezeichnet, wie deutsche Männer auf Sextour in Bangkok sich der kulturellen Hüllen mit der gleichen Leichtigkeit entledigen, mit der sie ihre Unterhosen ausziehen. Die Fotografin ist nach Hoyerswerda gereist, vier Wochen, nachdem Steine dort gegen Menschen geflogen sind, geworfen von Deutschen auf Ausländer und ihre Wohnungen, und Knüppel den Takt der Beziehungen schlugen. In der Albert-Schweitzer-Straße – ausgerechnet – fand sie den Ort und die Gemengelage, die Vorurteile in Fremdenfeindlichkeit und Fremdenfeindlichkeit in Haß und Haß in Gewalt transformierten. In einer riesigen Wohnmaschine, aus Platten vom Fließband gefügt, wohnen auf der einen Seite die Einheimischen, auf der anderen die übrigen, die man geholt hatte, als auch der "real existierende Sozialismus" für schmutzige Verrichtungen Arbeiter mit geringen Lohnansprüchen aus den damaligen "Bruderstaaten" anheuerte. Zwei Hausnummern gliedern die Wohnmaschine und der zündende Einfall der Erbauer, den einen Flügel gegenüber dem anderen vor- oder zurückspringen zu lassen – je nach Ansicht.

Als Bettina Flitner auf dem Schlachtfeld eintraf, hatte sich der Rauch verzogen, und die Ruhe war scheinbar wieder zurückgekehrt. Die zivilen Berichterstatter der Massenmedien waren zu neuen Ereignissen unterwegs und die Kameras abgebaut. Was gab es für die Fotografin noch zu tun? Die Ödnis der Stätte des schmählichen Kampfes zu dokumentieren? Sie hätte Brechts Verdikt über die Fotografie nur bestätigt. Stattdessen wollte sie etwas über die Hintergründe des gewaltsamen Eklats erfahren, die Motive der deutschen Angreifer, die Reaktionen der Angegriffenen, über das soziale Umfeld, das den Ausbruch schürte, die subjektiven Einstellungen, die in der ruchlosen Tat explodierten.

In aller Regel entziehen sich derlei Ambitionen fotografischer Darstellung. Doch Bettina Flitner hatte schon zuvor erfolgreich Methoden erprobt, die einen verheißungsvollen Weg aus dem Dilemma wiesen. Die Methoden speisen sich in gleichem Maße aus journalistischen Erfahrungen und ästhetischen Experimenten, aus der Praxis fotografischer Reportagen und der Theorie konzeptueller Fotografie. In einer konzeptuell gefärbten Fotografie verliert die einzelne Aufnahme entscheidend an Gewicht. Sie reduziert sich zum Glied einer Kette von Bildern, die nur im Verbund zur angepeilten Aussage gelangen. Dabei beeinflußt auch die besondere Anordnung der Bilder die Aussage, und jede Aussage betont obendrein den fragmentarischen Charakter des Einzelbildes wie des Ensembles. Im Gegensatz zu den essayistischen Bildfolgen des fotografischen Journalismus ist jedes konzeptuelle fotografische Bild Produkt einer Inszenierung. Nicht der impressionistische Reiz ist das Ziel, der allenfalls die Oberfläche des Sichtbaren reflektiert, vielmehr die Sprünge und Risse in der Oberfläche der Erscheinungen zu veranschaulichen und die verschiedenen Momente, die sie bewirken, optisch zu verdichten. Der journalistische Blick liefert der Fotografin Bettina Flitner die Themen, die künstlerische Methode gibt ihnen die ästhetische Form.

Seit Beginn der neunziger Jahre bewegt sie sich nur noch selten innerhalb der traditionellen Grenzen des fotografischen Terrains. In der avancierten Kunst sah sie den Schlüssel zur Expansion. Den Boden zur neuen Orientierung bereiteten die vermessenen Pläne des Berliner Senats, sich um die Ausrichtung der Olympischen Spiele anno 2000 zu bemühen. In derselben Arena, wo die Nationalsozialisten mit funkelndem Gepränge die Welt zu blenden verstanden. Mit einem Podest und ein paar Requisiten hatte sich die Fotografin nach Publikwerden des hauptstädtischen Geltungsdranges ins Olympiastadion begeben, um Besuchern und einigen der dort Beschäftigten die Frage zu stellen: Wurden Sie jemals in Ihrem Leben geehrt und – falls nicht, wofür sollte man sie ehren? Wer sich zur Antwort bereit erklärte, wurde vor örtlichen Gegebenheiten fotografiert: auf einer der vielen Treppen des Stadions, vor der Ehrentafel, in der Nähe der Olympiaschale... Eine mögliche Affinität gab den Ausschlag für die Plazierung. Menschen unterschiedlicher Herkunft und Gesellschaftsschicht erklommen den Sockel, Reinemachfrauen, ein Straßenreiniger, ein einst aktiver Sportler, und was sie ihr erzählten, eröffnete vielfältige Einblicke in individuelle und kollektive Bezüge. Die Abbilder versah sie mit den pointiertesten Passagen ihrer Äußerungen, erweiterte so die einzelne Aufnahme zu einer Bild-Text-Montage, und erst in der Reihe der einzelnen Korrespondenzen erschließt sich das gesamte Projekt. Die Reihe freilich ist tendenziell unendlich.

Zu den fotografischen Bildern ihres Werkes gehört meist ein Text; lediglich die sexhungrigen Touristen in Bangkok blieben sprachlos. Sonst bilden

Text und fotografische Aufnahme eine Einheit – in formaler Hinsicht. Bei genauerem Hinsehen stellt man rasch fest, wie bedroht und spannungsreich diese Einheit ist, häufig scheinen sich beide gegenseitig zu dementieren, Schein und Sein prallen aufeinander, doch ebenso wenig wie das Bild enthüllt der Text die ganze Wahrheit über das Gezeigte. Es sind durchweg gezielte Fragen, die am Anfang eines fotografischen Projektes von Bettina Flitner stehen. Auf die Fragen reagieren nach dem Zufallsprinzip ausgesuchte Passanten, wenn sie sich überhaupt adressieren lassen, durch Worte, Mimik und Körpersignale. Zur Maskierung dienen Requisiten aus dem Theaterfundus. Nach dem jeweiligen thematischen Motiv ihres Vorhabens wählt die Fotografin diese aus.

Bild und Text unterliegen dem gleichen Prinzip der Inszenierung. Auch die Äußerungen ihrer Modelle stilisiert Bettina Flitner, schält den Kern heraus, und in den besten Beispielen ihrer fotografisch-künstlerischen Arbeit blitzt im Widerstreit von Darstellung und Selbst-Darstellung, von Maske und Maskierung, die sich wie die berühmte russische Puppe verhalten können, ein seltener Augenblick von "Wahrheit" auf. Nicht jene absolute, in Rechthaberei und Terror gipfelnde Form von Wahrheit, sondern eine mögliche Wahrheit von vielen anderen möglichen Wahrheiten. Ganz im Geiste des Kybernetikers Heinz von Foerster, demzufolge "Wahrheit... die Erfindung eines Lügners" ist. Die Rede von der "Wahrheit" habe katastrophale Folgen gehabt und die Integrität der Menschen zerstört. "Der Begriff bedeutet – man denke nur an die Kreuzzüge, die endlosen Glaubenskämpfe und die grauenhaften Spielformen der Inquisition – Krieg. Man muß daran erinnern, wieviele Millionen von Menschen verstümmelt, gefoltert und verbrannt worden sind, um die Wahrheitsidee gewalttätig durchzusetzen". Im großen und ganzen teilt Bettina Flitner diese Ansicht, und daß sie die Fotografie, jenes Instrument perfekter Lügenaufbereitung benutzt, zeigt, wie ernst es ihr ist.

Eine der möglichen Wahrheiten betraf einen Streifen Landes, den man umgangssprachlich gerne als "Niemandsland" apostrophiert, eine Pufferzone gewissermaßen zwischen zwei feindlichen Lagern, von keinem der Gegner kontrolliert. Bettina Flitners "Reportage aus dem Niemandsland" handelt allerdings von einem Stück Land, das sehr wohl zur Domäne einer der streitenden Parteien gehörte, je nach Sicht hinter oder im Vorfeld der Berliner Mauer lag, besser bekannt wurde als "Todesstreifen". Zum Niemandsland allerdings wurde es durch den Fall der Mauer, und die Fotografin durchwanderte das Gebiet kurz nachdem es seine Funktion als Schußfeld oder Sicherheitsstreifen verloren hatte – im übrigen geläufige Benennungen, die sich ebenfalls je nach Sicht differenzierten. Sie traf eine Menge normaler und zugleich merkwürdiger Menschen, die meisten ziemlich ratlos, zumal ob des ungewohnten Ambientes, sprach sie an, unterhielt sich länger mit ihnen, lichtete schließlich einige ab und förderte mit ihrer künstlerisch-journalistischen Methode Vorstellungen, Gefühle und Befürchtungen zutage, die im Aufwand der Massenmedien um die Vereinigung des geteilten Deutschland offenbar untergegangen waren. Dennoch bildeten sie von vorneherein den Bodensatz der Nachrichten vom vereinigten Deutschland, wie sich freilich erst später herausstellte; Medienwelt und machtversessene Politik haben sie lediglich überrollt.

Es war Bettina Flitner, die sie in einer Mischung aus journalistischer, auf intensiver Beobachtung und Recherche beruhender Fotografie sowie einer konzeptuellen Kunststrategie vergegenwärtigte, ehe sie selbstverständlicher Bestandteil des allgemeinen Lamentos wurden, darüber hinaus noch vor dem Hintergrund einer zunächst unmerklichen Veränderung im temporären "Niemandsland" – ein paar Jahre später wurde aus dem "Todesstreifen" stellenweise heftig umworbenes Bauland, und sämtliche früheren Spuren sind fast überall getilgt. Die Bildregie der fotografischen Arbeit gehorcht journalistischen Regeln, die Inszenierung gibt sich selten zu erkennen, fotografischer Hintergrund und ergänzender Text stiften den formalen Zusammenhalt. In einem weiteren Schritt ihrer Entwicklung verstärkte die Fotografin bald darauf die inszenatorischen Tendenzen.

"Nachbarn" heißt, was die Fotografin ebenfalls eine "Bildreportage" nennt, aus und über Hoyerswerda. Die Ereignisse in der Albert-Schweitzer-Straße fielen allmählich dem allgemeinen Vergessen anheim, das Fernsehen hatte seine Lichter abgeschaltet. Sie hat die Menschen fotografiert und befragt, die nur eine Wand voneinander getrennt in den zwei anstoßenden Wohnmaschinen des Tatortes leben, und doch um Welten voneinander entfernt. Vorurteile und Haß auf der einen Seite, Gefühle der Angst auf der anderen fand sie. Sie hat sie fotografiert an den Fenstern ihrer Behausungen, die meisten blicken nach draußen, manche durch die Scherben ihrer zertrümmerten Fenster. Die Fotografin hat den eigenen Standort so gewählt, daß sich die Menschen gegenübersähen, würden sie sich anblicken können, von rechts die Deutschen, von links die Ausländer, schon in der Körpersprache völlig unterschieden, und nicht nur durch das, was sie zu Protokoll geben. Die strenge Inszenierung der Figuren verleiht der vermeintlichen Reportage formale Wucht. Man habe nichts gegen die "Fitschis, Polacken und die Alis", lassen die Deutschen verlautbaren, abhauen sollten sie allerdings. Auch sie sehen nicht besonders glücklich aus, das zur Schau getragene Selbstbewußtsein wirkt aufgesetzt. Weil sie trotz "Absonderungsreflexes" ahnen, daß sie den Angefeindeten sozial näher sind, als sie wissen? Irgendwie scheinen sie sich in ihrer Haut ähnlich fremd zu fühlen wie ihre Opfer nach den Ausschreitungen. Die Lücken zwischen Bild und Text bekunden es: eklatante Leerstellen. Auf einen Kommentar verzichtet Bettina Flitner; sie setzt auf die Evidenz des Gezeigten und Gesagten. Die Fragen nach den Ursachen der Gewaltexplosion bleiben offen, aber weil sie so gezielt offen bleiben, verschärfen sie sich.

Was denken die Menschen in der Stadt eines Landes, das durch die Deutschen die schlimmste Zeit seiner Geschichte erfahren hat, über die gewaltbereiten Nachfahren? Nicht irgendeiner Stadt – die Fotografin hat eine Anzahl von Einwohnern Wolgograds über ihr Verhältnis zu Deutschland befragt und sie "mit Blitz und Kamera" aufgenommen. Als Stalingrad ist Wolgograd im deutschen Bewußtsein fest verankert, die heftig umkämpfte und völlig zerstörte Stadt symbolisiert den Wendepunkt des Zweiten Weltkrieges. Die wenigsten hegen noch Ressentiments gegen die Deutschen, die sie einst überfallen haben, obwohl die Erinnerungen an den Krieg bei den Älteren noch lange nicht verblaßt sind. Viele der Jüngeren bewundern die Wirtschaftskraft des früheren Feindes, die neuen Symbole deutscher Stärke, die Markenzeichen der Automobilindustrie. Und ein Achtjähriger hat von Deutschland noch nie etwas gehört.

Bemerkenswerter jedoch als die womöglich überraschende Erkenntnis des Unternehmens war die besondere Weise seiner Präsentation. Schon vier Jahre bevor die Fotografin das Wolgograd-Projekt realisierte, hatte sie begonnen, sich über die üblichen Distributionsformen fotografischer Bilder hinwegzusetzen. Wurden die früheren Arbeiten in Ausstellungen von Galerien, Kunstvereinen und Museen publiziert, in illustrierten Zeitschriften oder Büchern, eroberte sie sich mit dem Auftakt der Trilogie "Mein Herz – Mein Feind – Mein Denkmal" den schwer definierbaren Raum außerhalb privater und öffentlicher Gebäude, Straßen, Plätze und Brücken deutscher, dann auch europäischer Klein- und Großstädte. Den Lustgarten zu Berlin ebenso wie die Kölner Schildergasse. Natürlich ist die Fotografie auf diesem Feld des öffentlichen Getriebes eine beinahe selbstverständliche Erscheinung, doch stets in Gestalt des Marktschreiers, der großen Werbetafeln. Die raren Vesuche der Künstler, diese für die Kunst zu nutzen, haben die Dominanz der fotografischen Reklame eher unfreiwillig untermauert, als auch nur angetastet. Bettina Flitner hingegen ist der Einbruch in die glitzernde Festung der Werbung gelungen.

Ihre Arbeitsmethode behielt sie bei. Sie richtete bestimmte Fragen an Passanten, vorwiegend Frauen, die ein unmittelbar an der Straße gelegenes Lokal passierten, das die Fotografin zu einem provisorischen Fotostudio umgewidmet hatte. "Haben Sie jemals Ihr Herz verloren? Und wenn ja, mit welchen Folgen?" – die Doppelfrage löste den Impuls für den Auftakt der Trilogie aus. Wer sich ansprechen ließ, wurde auf einen Sockel gebeten, dem die Nachbildung eines großen Herzens vorgeblendet war, und in gleichmäßigem Licht vor neutralem Fond abgelichtet. Eine Frau zog es vor, auf den Herzklappen Platz zu nehmen. Sparsame Requisiten wie Blütenkranz, Flügel, Pfeil und Bogen, Sense und Krone illustrierten die Antworten in aphoristisch verkürzter Anschaulichkeit. Die Bilder montierte Flitner auf rund 3 m hohe Tafeln mitsamt ein paar zugespitzten Sätzen aus dem Antwortenkatalog der

Modelle und pflanzte die fotografischen Ganzkörper-Ikonen auf schwere Betonsockel. Lieschen Müller und Marta Schmitz erreichten urplötzlich überlebensgroßes Format.

Die selbstbewußten Posen steigerten die Aggressivität. Im Freien, wo die Menschen achtlos aneinander vorbeieilen, begegneten sie sich unversehens selber als machtvolle Theaterfiguren, verfremdet bis zur Kenntlichkeit. Daß eine solche Parade frontal posierender Frauen, die offen ihre meist mißachteten Gefühle zum Ausdruck bringen, in der Männerwelt zumindest zwiespältige Gefühle hervorriefen, ist nicht weiter verwunderlich.

Den Eklat freilich zeitigte erst die zweite Variante der Werkgruppe mit dem Titel "Mein Feind". Nach einem persönlichen Feind der Menschen, die Bettina Flitner ansprach, forschte sie, doch die zweite Frage "... wenn ja, was würden Sie mit ihm tun, wenn sie es ungestraft dürften?" sorgte für die brisante Wende. Unverblümt äußerten sich die Frauen, und die wenigsten machten aus ihrem Herzen eine Mördergrube. Tiefe Verletzungen waren in blanken Haß umgeschlagen. Die Aufstellung der "inszenierten Dokumentation" (Flitner) in der zentralen Einkaufsstraße der rheinischen Metropole Köln führte zu heftigen Diskussionen, die gelegentlich in erbitterten Auseinandersetzungen explodierten, und da eine Boulevard-Zeitung Öl ins Feuer goß, sah sich schließlich auch der Staatsanwalt auf den Plan genötigt.

Die symbolischen Waffen der Frauen waren ihrer Befindlichkeit angemessen: Schlachtbeile, Lanzen, Gewehre, Schwerter und Dolche. Anti-Werbung in Reinkultur, verwirklicht mit dem Know-how der Werbung. Bettina Flitner füllte die ausgeklügelte Rhetorik der Reklame mit einem explosiven Inhalt auf, schwer oder gar nicht konsumierbar. Der Passionsweg der potentiellen Rächerinnen mündete in einer protestantischen Kirche, wo eines der überlebensgroßen Frauen-Porträts als Altarbild fungierte, das Bildnis eines in sich versunkenen weiblichen Wesens unbestimmten Alters im schützenden Mantel: "Mein Feind ist eine Person. Ich kenne ihn mein Leben lang... Jetzt ist er 93. Wenn er tot ist, bin ich froh." Er hat sie stets verachtet.

Die eigenwillige Dokumentaristin schafft es offenbar, auch der permissiven Gesellschaft des "anything goes" ihre verborgenen Grenzen aufzuzeigen, indem sie diese verletzt und an Tabus rührt. Selbst der vergleichsweise persönliche und humorvolle Abschluß der Trilogie – die Künstlerin griff dabei auf Ideen im Zusammenhang ihres im Berliner Olympia-Stadion fotografierten Projektes zurück – "Mein Denkmal", konnte sich im öffentlichen Verkehrsraum, plaziert vor der Kunsthalle zu Köln gleich hinter der Stadtbibliothek, nur für eine bemessene Zeit behaupten. Trotz kommunaler Zusicherung auf längere Verweildauer. Augenscheinlich stören die fotografischen Installationen der Bettina Flitner den öffentlichen Frieden, jedenfalls die Ruhe, die sich einstellt, wenn man sich mit Ohrenstöpseln das Gekreische und Getöse des modernen Großstadtverkehrs vom Leibe hält.

Weshalb beunruhigen die Straßenporträts dermaßen? Weil es Menschen sind, "die sie fotografiert, nie Objekte, sondern denkende und handelnde Menschen", wie Reinhold Mißelbeck meint, aber "keine passiv ihrem Schicksal ergebenen, sondern agierende, kommentierende Personen"? Weil die Männerwelt in den zum Lichtbild geronnenen Schatten eine Verkörperung der Erynnien im zeitgenössischen Outfit erkennt, personifizierte Reflexe verdrängter Schuldkomplexe? Jedenfalls sticht die Fotoregisseurin ins Wespennest und enthüllt ganz nebenbei, daß der Anspruch der Kunst auf Autonomie lediglich die bequeme Selbstgenügsamkeit zeitgenössischer Kunst kaschiert, ohne sich andererseits darüber hinwegzutäuschen, daß auch Wespenstiche dank schmerzlindernder Medikamente bald verheilen.

Sie folgt dem Ethos der amerikanischen Straßenfotografie der vierziger und fünfziger Jahre und hat deren Spektrum in jeder Weise inhaltlich und formal erweitert. Die filmischen Erfahrungen haben zweifellos dazu beigetragen. Sie verschmilzt Einflüsse des Theaters, des Films und der Fotografie mit solchen zeitgenössischer Kunst. Auch den Zufall bezieht sie in ihr ästhetisches Kalkül ein. Den Bildern aus Wolgograd, die wie Fahnen an Masten auf der Deutzer Brücke Kölns aufgereiht waren, verlieh der Wind unerwartete Lebendigkeit und erhöhte dadurch ihre eigentümlich abwesende Präsenz.

Bonn, im Januar/Februar 1998

MEIN FEIND

von Reinhold Mißelbeck

Der am Rhein gelegene Kölner Bayenturm, heute "FrauenMediaTurm" wird seit einigen Jahren von zwei martialisch aussehenden Frauen bewacht. Eine davon ist Jasmina Dubbel, die Tochter eines Tscherkessen, die in Erinnerung an dieses historische Reitervolk eine Standarte in der Hand trägt. Zu ihren Füßen klammert sich ihre kleine Tochter an das linke Bein. Die andere Frau ist Renate Zingen, die einen Helm, Flügel und ein Schwert trägt. Sie lebt in dem "sozialen Brennpunkt" Chorweiler und findet, daß sie eigentlich in den Bundestag gehört. Beide Arbeiten hatte Alice Schwarzer ausgewählt und beiderseits des von ihr initiierten "Frauenturms" postiert.

Sie stammen von einer Photographin, die mit ihren lebensgroßen Bildwerken einen neuen Weg gegangen ist, die Tradition des Bildjournalismus und die der inszenierten Photographie miteinander zu versöhnen. Ich spreche nicht von ungefähr von Bildwerken an Stelle von Photoarbeiten, da die Werke von Bettina Flitner auch in dieser Hinsicht grenzüberschreitend sind. Mit Bildwerken sind im allgemeinen Skulpturen gemeint, von der freistehenden Arbeit bis zum Relief. Bettina Flitners Frauenfiguren posieren überlebensgroß vor weißem Hintergrund und erzielen eine Wirkung, die der von Skulpturen nahekommt, obwohl sie als Photographien in der Fläche verbleiben.

Wie diese Nähe zu Bildwerken zustandekommt ist auf den ersten Blick nicht nachvollziehbar, da bei vergleichbaren photographischen Vorbildern derartige Wirkungen bislang unbekannt sind. Irving Penn hatte sich in seinen Modephotos, aber auch in seiner Serie über englisches und französisches Kleingewerbe und nicht zuletzt in den Photos südamerikanischer und afrikanischer Stammesangehörigen der Methode bedient, sie vor einem hellen und neutralen Hintergrund posieren zu lassen. Dadurch verloren die Personen ihren sozialen Kontext, ihre Kleidung und ihre Uniformen traten in den Kontext der Modephotographie ein.

In Deutschland hatte Stefan Moses mit ähnlichen Methoden ein Bild der Deutschen der fünfziger Jahre entworfen. Er arbeitete im Freien und plazierte die Passanten vor ein weißes Laken. Ihm ging es nicht um die Inszenierung der Kleidung, sondern um Reduktion des Sozialen. Insofern die jeweilige Umgebung auf der Straße oder auf Plätzen vom Zufall bestimmt sein konnte und Stefan Moses den Arbeitsplatz oder die Wohnung nicht aufsuchen wollte, schloß er den Hintergrund aus und konzentrierte sich auf die Person in ihrer jeweiligen Bekleidung. Diese verwandelte sich bei ihm nicht in Mode sondern bildete den einzigen im Bild vorhandenen Hinweis auf den gesellschaftlichen und sozialen Kontext der photographierten Person. Damit bezog sich Stefan Moses wieder mehr auf die Absichten von August Sander und dessen enzyklopädischer Idee vom "Menschen des zwanzigsten Jahrhunderts".

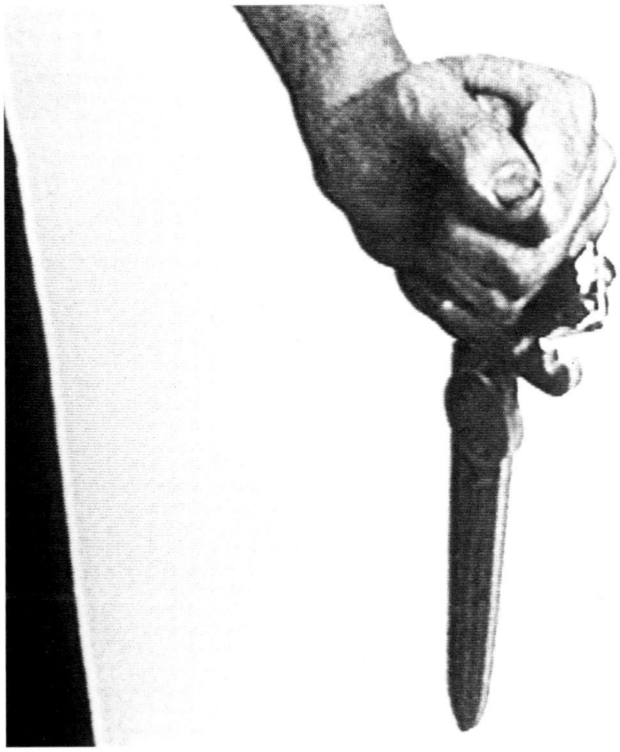

Allen drei Genannten ist jedoch gemeinsam, daß es ihnen nicht um das Individuum, sondern um den Typus ging – wenn auch bei jeweils unterschiedlicher inhaltlicher Schwerpunktsetzung. Gemeinsam ist allen Genannten auch, daß die Werke das Photographische nicht transzendieren. Der Grund dafür liegt zweifelsohne im Format. Einen Hinweis darauf findet man bei den Big Nudes von Helmut Newton, die auf Grund ihres lebensgroßen Formates monumental wirken. Doch auch sie, ebensowenig wie die Nudogramme von Floris Neusüss, beanspruchen nicht, die Grenzen der Photographie zu sprengen.

Daß Bettina Flitners Serien diese Grenzen sprengen, liegt wohl in erster Linie an der Präsentation. Im Museum oder in der Galerie an die Wand gehängt würden sie genauso photographierte Tafelbilder bleiben, wie andere Photoarbeiten dieses Formats, die menschliche Personen abbilden. Bettina Flitner jedoch plazierte ihre Photoarbeiten freistehend auf der Straße, und auf öffentlichen Plätzen. Häufig wurden sie leicht erhöht auf Ständer oder Sockel montiert. Der neutrale Hintergrund ließ die Umrisse der dargestellten Personen hervortreten. Diese Freistellung im Kontext einer urbanen Umgebung, innerhalb einer Kirche oder vor einem mittelalterlichen Turm löst beim Betrachter automatisch die Assoziation zu Bildwerken aus. Dies verleiht den Arbeiten eine Präsenz, die über die übliche Wirkung von Photographie hinausgeht.

Noch bedeutsamer als die formalen Fragen der Plazierung und deren Wirkung ist die konzeptuelle Vorgehensweise von Bettina Flitner in ihrer Position zwischen Inszenierung und Reportage. Ihre ersten Schritte zu einer Verbindung dieser sich eigentlich fremd gegenüberstehenden Gattungen machte sie 1990 mit den "Reportagen aus dem Niemandsland", einem auch in Buchform veröffentlichten Bildbericht über Menschen, die in der Nähe der Berliner Mauer lebten, kurz nachdem diese der Wiedervereinigung Deutschlands zum Opfer fiel. In dieser Bilderreihe verknüpfte sie Bilder von Menschen mit Fragen nach ihren Gefühlen und ihrer gegenwärtigen Situation. Sie ließ die Personen an den Überresten der Mauer posieren und zitierte im Buch und in der Ausstellung aus deren Äußerungen. In der Form der Präsentation stand diese Reportage jedoch noch durchaus den Intentionen eines Zeitungsberichts nahe, bei dem Bildreporter die Anwesenden anläßlich eines großen Ereignisses nach ihrer Meinung befragen und ein Bild der Person am Ort des Geschehens beilegen.

Eine neue Dimension bekommt diese Arbeit, sobald nicht mehr nur über ein Geschehen und die beteiligten Personen berichtet wird und sie befragt werden, sondern angesichts einer sozialen oder politischen Situation eine Frage gestellt und die Antwort bildhaft inszeniert wird, begleitet von einem Zitat der dargestellten Person. Das Vorgehen wird damit sozusagen auf den Kopf gestellt.

In Bettina Flitners Bildreportagen sind die Menschen, die sie photographiert, nie Objekte, sondern denkende und handelnde Menschen. Auch wenn es leidende Menschen sind, sind es keine passiv ihrem Schicksal ergebene, sondern agierende, kommentierende Personen. Daher treten sie dem Betrachter in ihren Bildern gegenüber, fordern zur Stellungnahme heraus. Damit gelingt Bettina Flitner in ihrer Reportagephotographie die Verknüpfung von Bericht und Stellungnahme, von Rezeption, Bericht und Handeln. Ihre Photographie ist darauf gerichtet, Reaktion, Aktivität auszulösen, Veränderung zu bewirken.

Bettina Flitner versteht die Bildreportage nicht als Bericht-erstattende Photographie, sondern als fragendes, kommentierendes und die Diskussion anregendes Medium. Sie wendet sich nicht erst ans Volk, wenn das Bild fertig ist, sondern bezieht die Betroffenen in den Vorgang der Bilderzeugung ein. Mit dieser Methode brechen Elemente der Demoskopie in die Bildreportage ein, im Falle Bettina Flitners jedoch darüber hinaus Methoden einer Demoskopie, die als provokativ empfunden werden. Darüber hinaus verändert sich die Wertigkeit im Verhältnis von Bild und Text. Während in der

Bildreportage die Abbildung die im Text geschilderte Situation illustriert, ist bei Bettina Flitners Serien das Photo bereits die Inszenierung des dargestellten Sachverhalts, die durch den Text in erster Linie eine Präzision erfährt. Häufig steht das Photo auch für die generelle Situation, der Kommentar für die individuelle.

Mit ihrer Arbeit "Mein Feind", die anläßlich der Internationalen Photoszene Köln 1992 in der Antoniterkirche und auf der Schildergasse ausgestellt wurde, erregte Bettina Flitner über Wochen erhebliche öffentliche Erregung und hitzige Debatten in der Öffentlichkeit, in der Politik und in der Presse. Kurzzeitig war die Ausstellung sogar von den Behörden geschlossen worden. Einige Bilder wurden mit Messern attackiert, Kriminalpolizei und Staatsanwalt waren eingeschaltet. Die Bildzeitung sprach von "Skandal um Gewalt-Fotos in der Kirche... in erster Linie gehe es um Haß... sie wollen töten... haßerfüllte Gesichter – Fratzen der Gewalt". (1) Es war die Rede von Verletzung der religiösen Überzeugungen, von Überschreitung der Grenzen künstlerischer Freiheit. (2) Flitner hatte die 14 überlebensgroßen Bildwerke wie einen Passionsweg von der Einkaufsstraße Schildergasse in die dort stehende Antoniterkirche führen lassen. Das letzte Bild hing – statt Kreuz – über dem Altar. Insbesondere die Verbindung von Kirche und dem Thema Gewalt hatte heftige Reaktionen hervorgerufen. Die Photoarbeiten wurden in erster Linie als Aufruf zur Gewalt aufgefaßt. "Das ist eine Aufforderung zur Gewalt. Und wenn die Photographin provozieren wollte, dann ist ihr das gelungen. Es gibt soviel Gewalt im Fernsehen, man hält das nicht mehr aus." (3) äußerte eine Passantin im Rahmen der Diskussionen vor der Antoniterkirche. Und eine andere sagte: "Für mich ist das schlimmste, daß hier das Kreuz Jesu Christi abgenommen und dafür der Mensch als solcher hochgehoben wurde." (4) Die Äußerungen zeigen, daß die Reaktion der Menschen Teil des Konzepts und der Arbeit ist, denn die Plazierung im öffentlichen Raum sollte Reaktionen hervorrufen. Sie belegt aber auch, daß die Diskussion um das Werk notwendig ist, da "Mein Feind" zunächst als Aufruf zur Gewalt verstanden wurde.

Dabei ist diese Arbeit gerade in dieser Hinsicht zunächst einmal Dokumentation. Denn die Arbeit

stellt einen Sachverhalt dar, der existiert, jedoch im Allgemeinen im Verborgenen bleibt. Kein Mensch würde grausame Bildberichte über den Vietnamkrieg als Aufruf zur Gewalt ansehen, obwohl es sich dabei um Gewalt handelt, die tatsächlich passiert ist. Dagegen dokumentiert die Serie "Mein Feind" lediglich latente Gewalt, vorhandene Agression, von deren Möglichkeit virulent zu werden, nichts bekannt ist. Bekannt ist jedoch aufgrund der Zitate, daß diese Gewaltbereitschaft eine Reaktion auf bereits stattgefundene Gewalt gegenüber diesen Frauen ist.

Interessant an den Diskussionen ist auch, daß die Frauen, die mit der Arbeit konfrontiert wurden, in erster Linie mit persönlicher Betroffenheit reagierten, während die verallgemeinernde Betrachtung eher von den Männern kam: "Hinter jeder einzelnen Darstellung verbirgt sich eine Tragödie. Es gibt nur das, was hier ausgestellt wird, das ist interessant für die Leute; was dahinter steckt, davon war noch nicht die Rede in der Diskussion hier; und darauf kommt es doch wahrscheinlich an. Noch keiner hat gesagt: schlimm, was die Frau erlebt hat." (5) In ähnlicher Weise äußerte sich auch Pastor Pick: "Wir wollen keinen Aufruf zur Gewalt, wir wollen sagen,

diese Frauen mit diesen jahrzehntelangen schlimmen Erfahrungen, die dürfen ihre Erfahrungen in diese Kirche mitbringen und sie aussprechen." (6)

Mit diesem Tenor der Auseinandersetzung um "Mein Feind" wird die Stimmigkeit der Herangehensweise von Bettina Flitner in jeder Hinsicht bestätigt. Ihre Arbeit setzt bei den Menschen die Fähigkeit frei, über ihre Erfahrungen miteinander zu sprechen – und sich so über die Gründe für ihre Gefühle klarer zu werden. Wenn bei der Rezeption von "Mein Feind" verstanden wird, daß hinter den Aggressionen der gezeigten Frauen ihre Leiderfahrungen stehen, dann hat ihre Photoarbeit einen Sinn.

An dieser Stelle wird nun ein weiteres Mal aus künstlerischer Position Kritik ansetzen. Denn mit diesen Reaktionen scheint sich Bettina Flitners Kunst – ob "Mein Feind", "Nachbarn" oder "Sextouristen" – als "engagiert", polemisch könnte man sagen als "propagandistisch" zu erweisen. Ich denke, daß Bettina Flitner mit diesem Etikett umgehen kann. Denn selbstverständlich will sie etwas "propagieren", hat sie eine Haltung, will die Augen öffnen.

Sie will damit etwas, was in der Kunst dieses Jahrhunderts verpönt ist. Kunst hat sich insbesondere unter dem Eindruck totalitärer Vereinnahmung durch Faschismus, Nationalsozialismus und Kommunismus in die Subjektivität zurückgezogen und verbleibt inhaltlich im Mehrdeutigen, vielseitig Interpretierbaren. Auch Leitfiguren, wie Barbara Kruger, die in ihrer Kunst soziale und politische Mißstände anprangert, können an dieser Generallinie wenig ändern.

Auffällig ist sicherlich, daß politisch engagierte Kunst, wenn es sie gibt, fast ausschließlich von Frauen kommt. Von Valie Export über Barbara Hammann, Ulrike Rosenbach bis zu Annegret Soltau, Sylvia Kirchhof und Orlan reicht das Spektrum der Künstlerinnen, die sich mit Problemen der Gegenwart, die sich auch mit der Rolle der Frau in der Gesellschaft auseinandersetzen. Denn politisches Engagement in der Kunst, auch dies ist charakteristisch für Frauen, fängt überwiegend bei der eigenen Person an und geht von dort aus weiter. Diese Tatsache führt zu dem immer wiederkehrenden Mißverständnis, daß all jene Künstlerinnen von der Kunstkritik zunächst einmal als Feministinnen etikettiert werden, ungeachtet, ob sie sich selbst dazu zählen.

Ein weiterer Aspekt muß angesichts des Mißtrauens gegenüber programmatischer Kunst erörtert werden: In der Photographie war vieles, was heute als Kunst gehandelt wird, zunächst einmal Auftragskunst und damit zweckgerichtet. Ob Modephotographie bei Man Ray, Cecil Beaton, Irving Penn oder Horst P. Horst, ob Architekturphotographie von Eugene Atget bis Werner Mantz und Karl Hugo Schmölz oder Bildreportage von Robert Capa, Margaret Bourke White bis Werner Bischof und Robert Lebeck. Die Bilder dieser Photographen wurden erst in der historischen Rezeption als Kunst angesehen. Selbst ein Photograph, wie Albert Renger-Patzsch, der zu Lebzeiten gegen Künstlerphotographen, wie Laszlo Moholy-Nagy polemisiert hatte, wurde sozusagen gegen seine erklärte Absicht unter die Künstler aufgenommen. Gerade die Geschichte der Photographie belegt, daß Bilder, die zweckgerichtet in Auftrag gegeben werden, durchaus Kunst sein können.

Das Künstlerische wird also in Bettina Flitners Arbeiten durch den politisch engagierten Inhalt keineswegs entwertet. Von einem Überschreiten der Grenzen der künstlerischen Freiheit kann nicht die Rede sein. Im Gegenteil. Die künstlerische Qualität zeigt sich in besonderem Maße durch die Verknüpfung bislang als unvereinbar geltender Genres zu einem neuartigen Konzept. Sosehr das Ergebnis insgesamt eine Reportage ist, sowenig sind die Photos selbst journalistisch. Sie sind wohldurchdachte Inszenierungen, für welche die Rahmenbedingungen von ihr vorgegeben werden, innerhalb derer die Agierenden jedoch wieder Spielräume haben. Bettina Flitners Photographie ist daher im Grunde ein Widerspruch in sich selbst: Denn die Bildreportage fordert für sich höchste Objektivität. Da scheint es unglaubwürdig, wenn jemand beginnt, Reportagen zu inszenieren.

Doch erinnern wir uns an das berühmte Wort von Alex Colville dem scheinbar so naturalistischen Maler. "Um wirklich Realist zu sein, muß ich alles erfinden." So wie die beste Bildreportage diejenige ist, wo in einem einzigen Bild die Essenz einer Situation kulminiert, so kann der Künstler, der eine Situation analysiert, entscheiden, diese nicht deskriptiv festzuhalten, sondern aus Elementen der Wirklichkeit so zu rekonstruieren, daß die Analyse der Situationsbeschreibung immanent wird.

Bettina Flitner begibt sich mit ihrem Arbeitskonzept in die Tradition großer politisch engagierter Künstler, wie John Heartfield und setzt die Idee der "Operativen Kunst" fort. "Kunst sollte in den Alltag der Massen 'eingreifen', sich der ihnen vertrauten Medien und Mittel bedienen. ... 'Operative Kunst' wollte ... mit den modernsten Ausdrucksmitteln der Avantgarden – die bisher in der Isolation des bürgerlichen Kunstbetriebes eingeschlossen waren – im Alltag operieren. Vor allem wollte man durch die avantgardistische Strategie der Irritation den passiven Betrachter aktivieren, ihn durch Einbeziehung in den Prozess der Kunst aus der Lethargie herausreißen und selbst produktiv machen". (7)

Bettina Flitner hat neue Ausdrucksmittel entwickelt; die Personen, die auf ihren Bildern zu sehen sind, treten stets als Akteure auf; auch die späteren Betrachter werden dank ihrer neuartigen Arbeits- und Präsentationsmethoden in der Gegenüberstellung mit ihrer Kunst zu aktiven Teilnehmern. Bettina Flitner begnügt sich nicht damit, mit ihrer Kunst Humanismus und Moral zu predigen, sie schafft es, mit ihren Bildern Menschen zu aktivieren und tätig werden zu lassen.

(1) Bildzeitung, 17. September 1992
(2) Kölnische Rundschau, 18. September 1992
(3) Filmische Dokumentation WDR 1992
(4) ebda
(5) ebda
(6) ebda; Pastor Pick leitet die Antoniterkirche und öffnete die Kirche für Kunst
(7) Peter Pachnicke, Moralisch rigoros und visuell gefräßig, in: John Heartfield, Köln 1991 S. 22

Alle Abbildungen wurden dem Dokumentarfilm „Mein Feind" (WDR) entnommen.

INSTALLATIONEN & REPORTAGEN

MEIN HERZ – im Lustgarten in Berlin, Sommer 1996

Lovis Corinth
Ich bin Kurdin.
Mit 16 habe ich geheiratet. Ich habe sieben Kinder:
vier Söhne und drei Töchter. Und einen Mann.
Mein Herz gehört meinen Kindern.

MEIN FEIND – in der Schildergasse in Köln, September 1992

PARFÜMER
TIONEN

Ich bin der Rächer der Entnervten.
Den Jugendclub gibt's nicht mehr. Ich treff' mich jeden Abend
mit meinen Kumpels auf dem Parkplatz. Fehlt nur noch ein
Container mit 'nem Fernseher, dann wär vielleicht Ruhe …
Diese Demonstranten, das nehmen die Politiker doch gar nicht ernst,
da lachen die doch drüber. Ich kleb' denen den Mund zu –
und dann nehmen wir alles selber in die Hand.

DER RÄCHER VON DRESDEN – auf der Augustusbrücke in Dresden, Juni 1996

MEIN DENKMAL – in der Fußgängerzone in Opladen, März 1997

RÖSELER
WOOLW
HL

BRÜCKENSCHLAG – auf der Hohenzollernbrücke in Köln, September 1996

STALINGRAD VON DER STATUE "MUTTER

S I E G E R E H R U N G

Olympiastadion Berlin
Sommer 1992

Wofür wollten Sie
in Ihrem Leben immer schon
mal geehrt werden?

Wofür sollte ich denn geehrt werden? Ich war mal Ringer, aber da bin ich jetzt viel zu alt für. Hier im Olympia-Stadion mache ich sauber. Da wird man doch nicht für geehrt.

Anerkennung? Ach, ich habe schon genug Anerkennung erfahren. Mit 60 hab´ ich das goldene Sportabzeichen gemacht. Weil alle zu mir gesagt haben: "Mensch, Muddi! Muddi mach' mal!"

Wofür ich gern ein Denkmal hätte? Na... zum Beispiel dafür, daß ich 100 Frauen in einer Nacht hatte.

Seit 25 Jahren mache ich hier in der Olympia-Jugendherberge an die 200 Frühstücke und Abendessen jeden Tag. Dafür möchte ich einmal auf so einem Podest stehen – aber sagen Sie das mal meinem Chef.

Worauf ich stolz bin? Daß ich ohne Angst auf die Straße gehe. Ich war 20 Jahre in der Psychiatrie. Seit dem 6. Lebensjahr. Weil ich immer Gestalten gesehen habe, wo keine waren. Jetzt geh´ ich zu jedem Hertha-Spiel. Aber die verlieren ja immer.

Ich möchte nur einmal für meine Sparsamkeit geehrt werden! In meinem Haushalt wird alles verwertet. Und tagsüber laufe ich von Geschäft zu Geschäft, bis ich das billigste Angebot gefunden habe.

Hier an der Stelle hat 1936 mein Vater gestanden und die Fanfare geblasen. Als glühender Hitlerjunge. Ich bin beim Militär. Nie sagen die mal: Gut gemacht. Deswegen boxe ich. Da kriege ich die Anerkennung, die ich verdiene.

MARLENE

Friedhof Friedenau Berlin
16. Mai 1992

Was halten Sie von der Beerdigung Marlene Dietrichs in ihrer Geburtsstadt Berlin?

Also, erst hat sie sich hier 'ne goldene Nase verdient, dann ist sie ab nach Amerika. Na, dann war se da ooch unten durch, da dachte se, se kann die Berliner noch beeindrucken. Aber die Berliner haben nichts vergessen. Jetzt liegt sie da hinten, die alte Zicke.

Ich find' das in Ordnung, daß sie wieder hier ist. Sie nicht? Der Sternberg hat eben gleich gerochen, daß er mit ihr Geld machen kann. Überhaupt waren es ja alles reiche Juden, die sie berühmt gemacht haben.

Dieses Weibsbild glaubt, wunder was sie sei. Statt die amerikanische Truppe zu betreuen, hätte sie das mit unseren Jungs machen können. Viele sagen ja: Die war gar keine Schauspielerin, die war 'ne Nutte.

Was ich von der halte? Gar nichts, überhaupt nichts! Die war doch gar keine richtige Deutsche mehr. So 'ne Strapse, die durften wir doch gar nicht tragen. Also, da war mir die Marika Rökk lieber.

Sie ist 'ne Vaterlandsverräterin, sagen ja manche... Und die schönsten Beine der Welt, na ja – hat denn das mal jemand nachgemessen?

Angels
Don't
Die

REPORTAGE AUS DEM NIEMANDSLAND

Grenzstreifen in Berlin
nach dem Mauerfall
Frühling/Sommer 1990

Was fühlen Sie jetzt?

Aus dem Osten? Nee. Wir wohnen seit 30 Jahren in Kreuzberg. Wir waren noch nie drüben. Da gehen wir auch jetzt nicht hin. Was sollen wir denn da?

Was? Sie sind nicht verheiratet? Also alleinstehend. Wie meine Mutter. Wir werden jetzt alle arbeitslos, sagt sie.

1960 bin ich ´rüber. War Bergarbeiter in der Lausitz gewesen. Immer wenn ich Mutter besuchen wollte, mußte ich am Grenzübergang Eintritt bezahlen. War ja kein Zustand.

Ich hab´ 500 Mark im Monat. Früher hat das Essen 30 Pfennige gekostet, jetzt kommt's aus dem Westen und kostet ab nächste Woche 4 Mark. Dann hör´ ich auf zu essen und spar´ auf die Beerdigung.

Wie wir rüber in den Westen gekommen sind? Im Taucheranzug. Ne halbe Stunde unter Wasser. Lieber hätten wir uns totschießen lassen. Jetzt geht´s uns gut.

Manche, die damals geflüchtet sind, kommen jetzt wieder her und spielen sich auf. Mit dicken Autos und so. Man sollte doch nie vergessen, wo man herkommt.

Meine Eltern waren Rote. War doch alles so lasch hier. Fünf Jahre habe ich wegen Republikflucht gesessen. Jetzt bin ich bei der französischen Fremdenlegion.

Ich war drei Jahre in Dachau. Und wenn die Scheidung vorbei ist, gehe ich nach Israel. Es fängt schon wieder an, auf meinem Auto waren neulich Hakenkreuze. Ihnen wünsche ich viel Glück. Shalom.

Na klar, das wird jetzt erstmal hart für uns. Aber da müssen wir Deutschen jetzt eben alle zusammenhalten.

Am Anfang war's schon komisch, als die Straße im Osten plötzlich weiterging. Aber als ich dann drüben war, die Eisenbahn, der Wald… die Geräusche waren die gleichen.

Was wir hier machen? Wir arbeiten im Lazarus-Krankenhaus, gleich da vorne. Wir freuen uns, daß wir hier spazieren dürfen. Und Sie? Sie sind wohl nicht aus Berlin?

Ich war Seiltänzer im Zirkus. Seit 20 Jahren wohne ich jetzt hier. Immer wenn einer auf ´ne Tellermine getreten war und hochging, war das ein schlechtes Omen.

Das geht da im Osten noch los. Die da drüben hauen noch mal auf den Putz. Aber dann gehen die zum Schöneberger Rathaus. Das geschieht den Herren hier ganz recht.

Wir senden das morgen abend in Tokio in den Nachrichten. Unser Kommentar dazu: In diesem erbärmlichen Zustand ist die Berliner Mauer, heute am 13. August, 29 Jahre nach dem Bau.

Albert-Schweitzer-Straße 21/22
in Hoyerswerda
September 1991, nach den
Ausschreitungen von
Deutschen gegen Ausländer,
mit denen sie seit Jahren
Wand an Wand wohnen.

Was ist eigentlich passiert?

NACHBARN

Immer um 14 Uhr versammelten sich unten die Nachbarn. Zwei Stunden später kamen die Skinheads dazu. Voll mit Schnaps. Und haben Krawall gemacht. Vier Tage lang. Die Nachbarn haben applaudiert. Und die Mädchen, die bei uns waren, sind zusammengeschlagen worden. Schon früher haben sie uns zugerufen: "Neger, geh' zurück in deinen Busch!"

Also nix gegen den Fidschi, der wußte, was Arbeit ist. Aber die Neger – nur ihre Buschmusik an und an den Frauen rummachen. Wie wir nach dem Abgang das Asylantenheim aufgeräumt haben, da sind alle nur mit Handschuhen rangegangen.

Jede Nacht stehe ich am Fenster und gucke. Das ist kein Leben mehr: Ich esse nicht mehr normal, ich schlafe nicht mehr normal. Nicht alle Deutschen sind schlecht. Aber wenn ich vier zusammen sehe, wechsel ich die Straßenseite.

Was die hier alles aus den Intershops rausgeschleppt haben! Videorecorder und Adidas-Schuhe. Davon konnten wir ja nur träumen. Aber dann behaupten, sie hätten kein Geld. Also, auf gut deutsch gesagt: Wir sind froh, wenn sie weg sind!

Immer nur hierdrin. Manchmal weiß ich schon gar nicht mehr, welche Tageszeit ist. Neulich war ich unten an der Tür, da hat einer zu mir gesagt: "Du Schwein". Einfach so. Und wenn ich frühmorgens in den Supermarkt schleiche, fragt die Kassiererin jeden Tag: "Was? Du lebst noch?"

Gegen die Pollacken, die Fidschis und die Alis hatten wir ja nix. – Aber die Neger sind zuviel. Wir sind beide arbeitslos, aber die Neger, die haben Arbeit. Die spielen sich hier auf, als wären die der König von der Albert-Schweitzer-Straße.

Früher war ich manchmal bei den Nachbarn zum Kaffee eingeladen. Jetzt stehen dieselben Nachbarn auf der Straße und klatschen, wenn man uns beschimpft und mit Steinen bewirft. Ich habe Angst. So wie damals im Krieg, bei uns in Vietnam.

So schlimm hätte es ja eigentlich nicht kommen müssen... Aber trotzdem bin ich erleichtert, daß die bald weg sind. Ich bin ja den ganzen Tag mit dem Kind allein zu Hause. Das Ganze macht mir Angst.

Vor ein paar Tagen war mein Kollege dort unten und hat mit Steinen geworfen. Ich arbeite seit fünf Jahren mit ihm zusammen. "Warum hast Du das getan?" habe ich ihn gefragt. Er hat nur mit den Schultern gezuckt. Für die sind wir nur noch Ausländer. Aber wir sind doch auch Menschen.

Also, wenn ein Ausländer, sagen wir ein Russe, sich ganz normal benimmt, also so wie ich, dann habe ich gar nichts gegen ihn. Aber so... In den Zeitungen haben sie ja geschrieben: "Ganz Hoyerswerda ist ausländerfrei". Ich sag' Ihnen: Das hat auch was für sich.

Schon vorher durften wir uns nirgendwo sehen lassen. In der Disco tanzen? Eh, Neger, weg da! Im Restaurant essen? Das nächste Mal bringst Du Dein eigenes Besteck mit! Oder sollen wir etwa mit derselben Gabel essen?

Hier im Haus grüßen mich immer weniger, weil mein Freund aus der 20 war. Früher haben sie nur hinterm Rücken getuschelt. Jetzt rufen sie von der Straße "Negerhure" rauf. Im März ist er zurück nach Mozambique. Bisher habe ich nichts mehr von ihm gehört...

Stalingrad, 50 Jahre danach
Mai 1996

Wie ist heute Ihr
Verhältnis zu Deutschland?

WOLGOGRAD

Mein Vater hat sich immer positiv über die Deutschen geäußert, sie seien so akkurat. Ich habe als Sanitäterin an der Front auch anderes erlebt. Viele hier tragen noch heute die Splitter in sich. – Marianna Mirzojan, 72, Ärztin

Ich bin geborener Stalingrader. Im Krieg war ich bis Berlin, habe noch ein Andenken, einen Splitter von einer S 35 im Gehirn. Meine Brüder haben deutschen Kriegsgefangenen Essen gebracht. – Anatoli Papkin, 79, Kraftfahrer

Was für ein Gefühl soll ich haben? Mein Großvater ist ins KZ gekommen. Sieben Brüder meiner Mutter sind nicht aus dem Krieg zurückgekommen. Jeder hat hier Tote. Schade um alle. – Galina Oreschkina, 42, Physiklehrerin

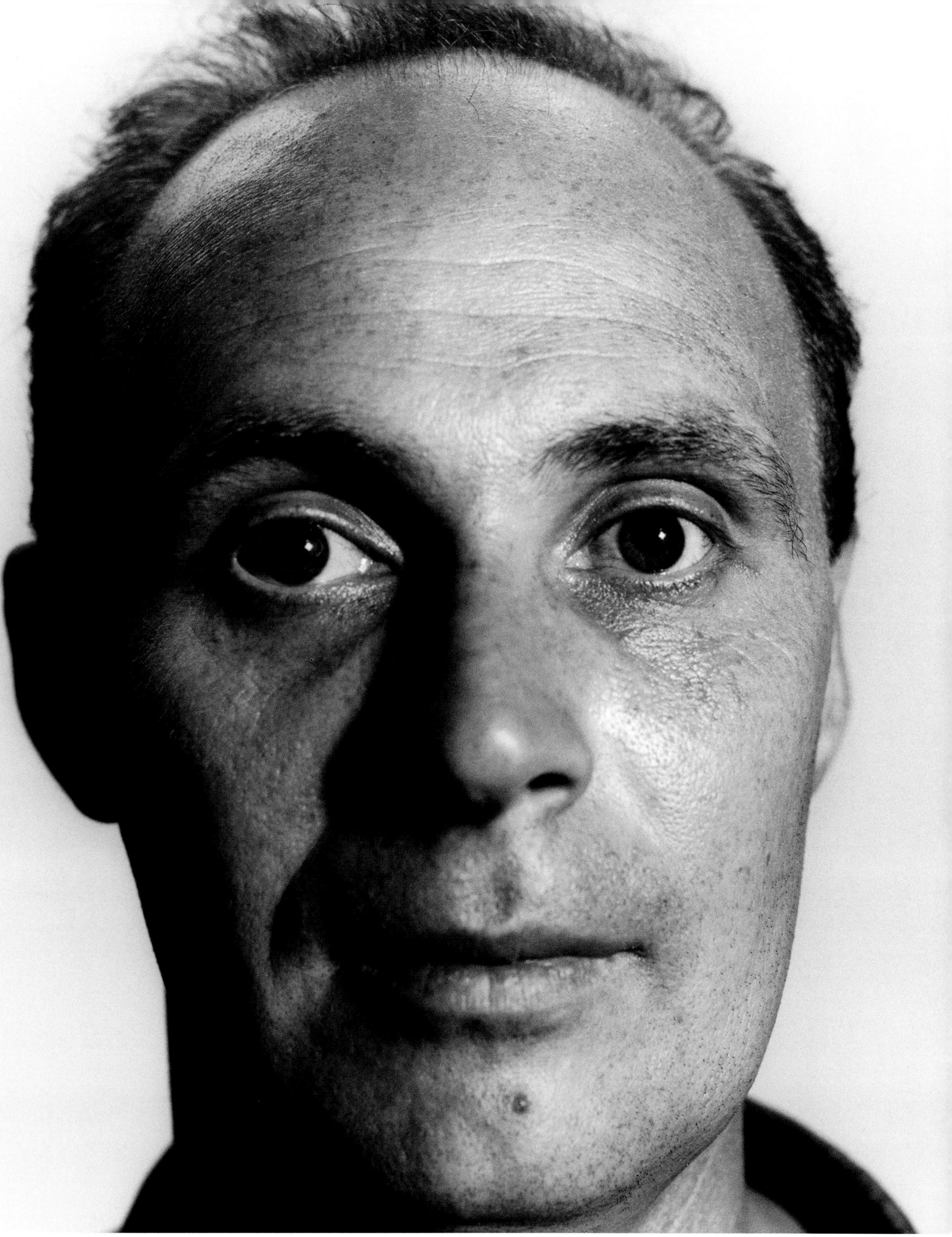

Als ich noch Komsomolze war, da hatte ich negative Gefühle, wegen dem Krieg. Mein Großvater ist hier gefallen. Doch bei uns gibt es ein Sprichwort: Wer das Alte beschwört, dem hackt man das Auge aus. – Aleksander Gurbanow, 40, Warentester

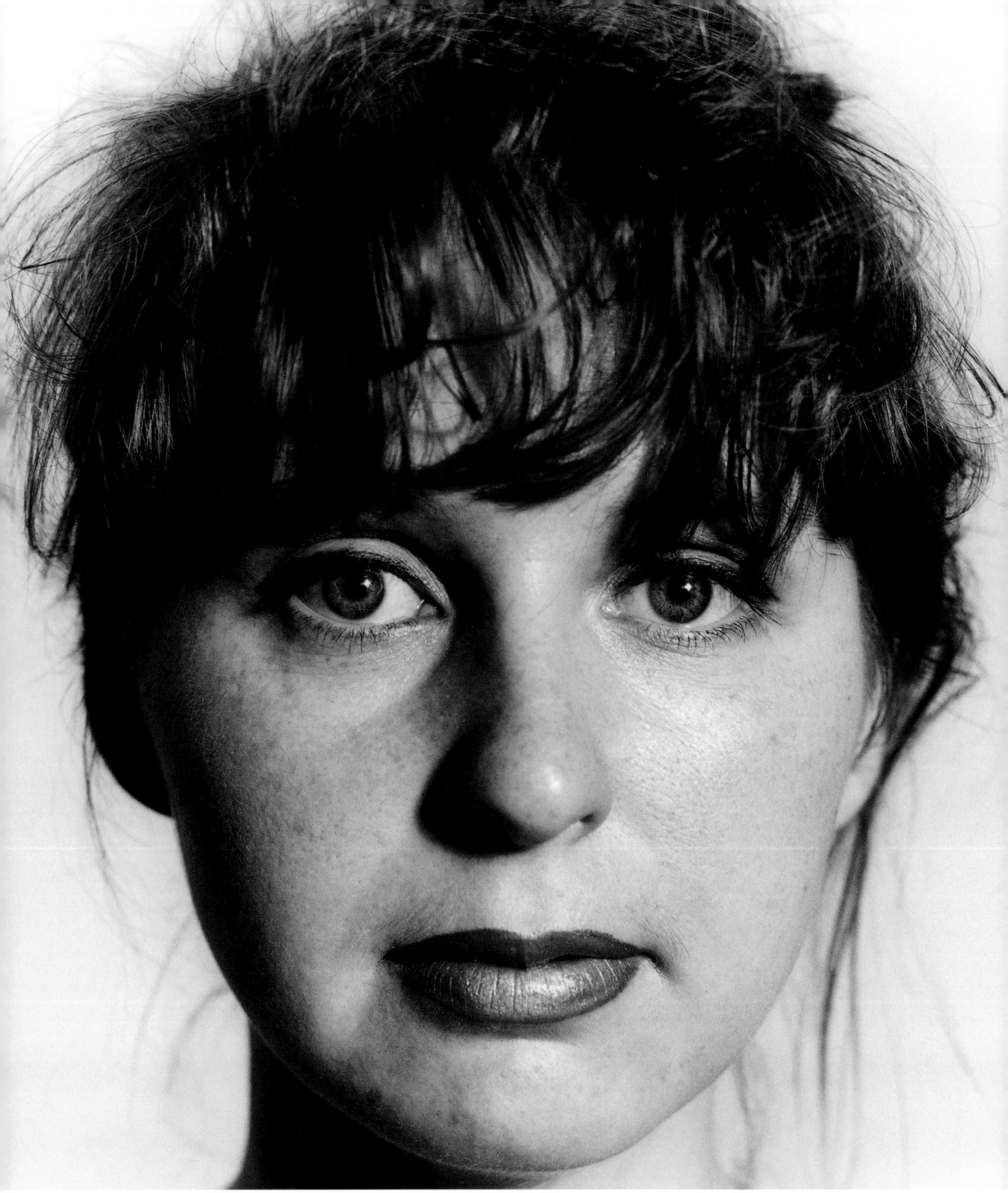

Bei Deutschland denke ich an meine Mutter unter Bomben... Wir hatten Totalitarismus, und ihr Deutschen hattet ihn auch. Wir waren Opfer, und die Deutschen waren Opfer. Nur... die Deutschen haben uns überfallen. – Natalia Badina, 23, Sekretärin

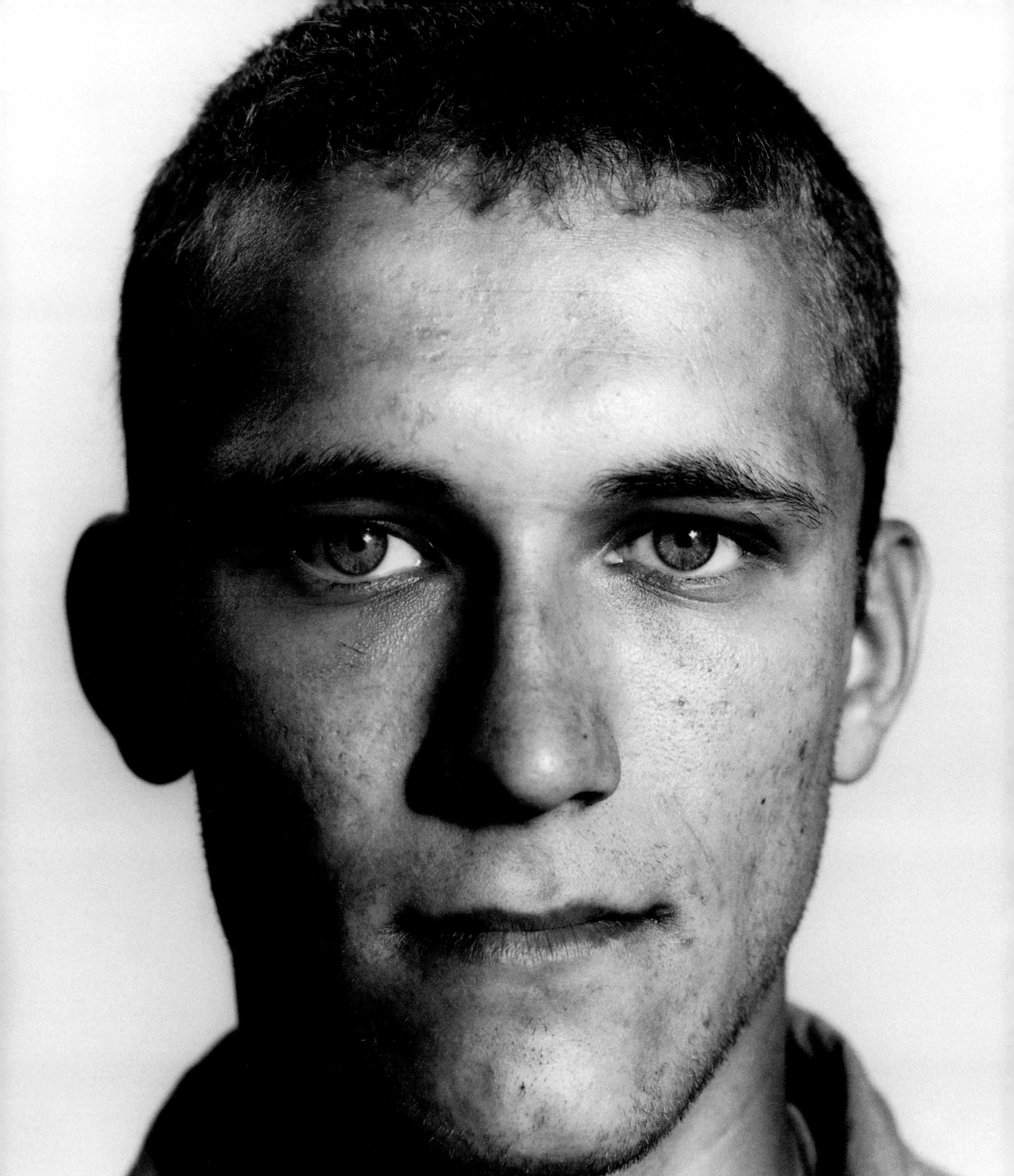

Deutschland ist ein ordentliches, ein schönes Land. Mir gefallen die deutschen Autos, besonders BMW – das ist ein Wunschtraum von mir. Ich möchte später einmal in Deutschland leben. – Oleg Slashjew, 19, Fischhändler

Deutschland? Ich weiß, daß dort Krieg war, und man bei uns den Tag des Sieges feiert. Ich bestelle den deutschen Mädchen und Jungen viele Grüße. Sie sollen immer gut zu essen haben. – Larissa Trufanowa, 7 Jahre

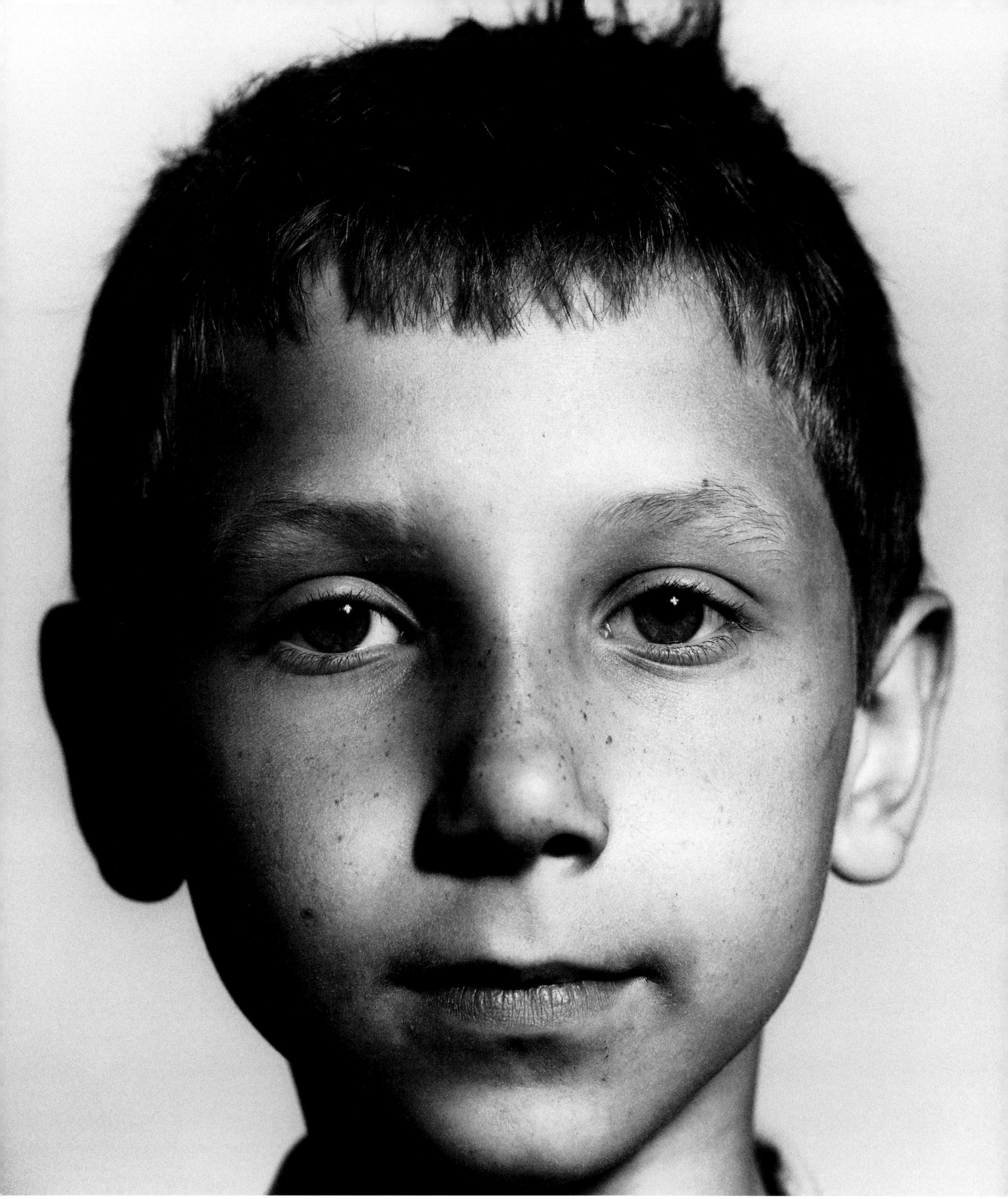

Deutschland? Was ist denn das? Ich habe nicht noch nie davon gehört. Und im Fernsehen habe ich das auch noch nie gesehen. – Artjom Anikejew, 8 Jahre

MEIN HERZ

Haben Sie jemals Ihr Herz verloren?
Und wenn ja, mit welchen Folgen?

Ich bin Muslimin und will meine Freiheit. Ich habe mich für mein eigenes Leben entschieden. Einfach war das nicht, oft ist mein Herz schwer... Aber es hat mich stark gemacht.

Mein Herz gehört meinem Freund. Ich bin mit Mhamut jetzt ein Jahr zusammen. An dem gefällt mir einfach alles. Aber heiraten – das will ich nicht. Nie! Das geht immer schief.

Mein Herz?
Das kann ich gar nicht zählen, wie oft ich das verloren habe. Heinz hat sich nach 15 Jahren in Bad Driburg 'nen Kurschatten angelacht. Ismail war verheiratet und ist in die Türkei zurück. Klaus kam aus dem Knast, fing an zu trinken und ist an 'ner Gehirnblutung gestorben. Der wär's vielleicht gewesen...

Ich bin Kurdin.
Mit 16 habe ich
geheiratet.
Ich habe sieben
Kinder: vier Söhne
und drei Töchter.
Und einen Mann.
Mein Herz gehört
meinen Kindern.

Ich hab' mein Herz
noch nie verloren.
Er hat mir in der
Fleischerei immer mit
den schweren Kisten
geholfen. Nach neun
Monaten war Mandy
da. Ich hatte mir das
alles ganz anders
vorgestellt...

Herz?
Ich hab' kein Herz.
Ich weiß gar nicht,
was das ist. Ich komme aus Neapel, das
ist eine harte Stadt.
Hier in Berlin lebe ich
in einem besetzten
Haus und schlage
mich so durch.

Vor vier Jahren hat er mich verlassen, von einem Tag auf den anderen. Ich war ihm nicht romantisch genug. Er ist meine ganz große Liebe. Ich spüre immer, was er denkt. Und er weiß, was ich denke, auch jetzt, in diesem Augenblick. Seit er weg ist, hat mein Herz einen Riß. Aber es hat auch Flügel.

Am Anfang will ich immer die Macht haben und kann auch voll gemein sein. Und dann kriege ich Angst. Wie bei David, der war Punk und hat getrunken. Das hat mich so an meine Mutter erinnert. Ich habe meine Eltern verloren... und meine Eltern mich. Lange bevor ich von zuhause weggelaufen bin.

Bei mir dachten
immer alle, ich bin
so eine, die man
schnell ins Bett kriegt.
Früher hab ich
gesungen wie Zarah
Leander. Und dann
habe ich durch eine
Vergewaltigung
meine Stimme
verloren, zu lange
bewußtlos in der
Kälte gelegen. Später
habe ich eine Tochter
gekriegt. Die hat mir
das Leben gerettet.

MEIN FEIND

Haben Sie einen Feind?
Und wenn ja, was würden Sie mit ihm tun –
wenn Sie es ungestraft tun dürften?

Mein Feind
sind alle, die kleine
Kinder mißbrauchen.
Erst würde ich mit
ihnen reden, und
wenn sie nicht ver-
stehen, würde ich sie
einfach totschlagen.
Ich war zwischen
6 und 13 dran. Mein
Vater und Nachbarn.

Mein Feind?
Jemand, der versucht, mir die Handtasche wegzureißen. Dem würde ich erst die Speerspitze in den Bauch rammen. Dann gegen die Beine treten. Und dann weglaufen.

Unser Feind?
Der Papa, wa? Der kümmert sich überhaupt nicht mehr um die Kleine. Die Kinder von der Neuen sind ihm wichtiger. Der wohnt jetzt im Vorderhaus – und wir im Hinterhaus.

Mein Feind
ist einer von der
Schule, auch Türke.
Der zieht mir immer
das Kopftuch runter.
Mit dem Säbel
würde ich dem den
Kopf abhacken. Vor
der Schule, auf dem
Schulhof wär'
schlecht, da stehen
die Lehrer rum.

Mein Feind
ist mein Ex-Mann.
In meiner Wohnung
würde ich den aber
nicht umbringen,
das gäb' zuviel Dreck.
Lieber in seiner
eigenen. Da hat er
überall so weißen
Teppichboden. Da
hätte seine Neue
auch was davon.

Mein Feind ist einer aus dem Haus. Der ist 'ne ganz falsche Hund. Er schwärzt alle Mieter beim Hausbesitzer an. Vormittags arbeitet der immer im Garten. Am liebsten würde ich ihn erwürgen – oder vergiften. Ich kann nämlich kein Blut sehen.

Mein Feind?
Der Papst. Den würde ich zum Wohle der Menschheit umbringen. Ich würde da ganz meuchelmörderisch vorgehen: Während er 'ne Rede hält, würde ich hinter der Gardine lauern und dann ganz plötzlich von hinten zustechen.

Mein Feind? Das ist ein Mädchen. Ich war mit 'nem Typ im Bett, mit dem sie zusammen war. Jetzt erzählt sie überall rum, daß ich Drogen nehm' und so'n Scheiß. Soll sie doch lieber Lindenstraße gucken. Eines Tages werde ich sie in eine dunkle Ecke locken und mit dem Speer durchbohren.

Mein Feind
ist eine Person.
Ich kenne ihn mein
Leben lang. Er hat
mich nie anders
behandelt als mit
Verachtung. Aber
ich könnte keine
Waffe nehmen, das
geht bei mir alles so
nach innen. Jetzt ist
er 93. Wenn er tot
ist, bin ich froh.

MEIN DENKMAL

Haben Sie ein Denkmal verdient?
Und wenn ja, wofür?

Mein Name ist
Jasmina Dubbel.
Ein Denkmal?
Für den ewigen
Kampf! Ich muß alles
alleine durchziehen.
Muß halb Mann,
halb Frau sein.
Mein Vater ist
Tscherkesse, das ist
ein turkmenisches
Reitervolk. Ich will
immer sagen kön-
nen: Das habe ich
gemacht. Ich!

Mein Name ist
Renate Zingen.
Ein Denkmal...?
Manchmal stehe ich
im Kiosk und denke:
Was stehst du hier in
der Kamellebud,
anstatt in Bonn im
Bundestag? Meine
beiden Kinder habe
ich allein großgezogen.
Daniel hat einen
afrikanischen Vater,
ihm fehlt das Selbstbewußtsein,
genau
wie mir. Wir müssen
beide kämpfen.

Mein Name ist
Margarete Schulze.
Ich möchte ein
Denkmal dafür, daß
ich so viel durch hab'.
In Zwickau in der
Milchbar gearbeitet.
500 Mark im Monat
und sechs Kinder.
Mein Erster ist im
Krieg gefallen. Mein
Zweiter – immer
zu Hause, herzkrank.
Mein Jetziger hat es
am Rücken, nur
Sitzen und Liegen
geht. Aber ich,
ich kann steppen.

Mein Name ist Karolina Kraskiewicz. Einmal im Jahr hab' ich so einen Alptraum: Ich geh' spazieren und pflücke Blumen. Plötzlich geht eine schwarze Klappe auf: Da kommt was raus... so was Schleimiges. Und dann zieht es mich 'rein. Wenn ich aufwache, habe ich Bauchschmerzen. Vielleicht kann da stehen: Ein Denkmal gegen Vergewaltigung von Kindern und Frauen.

Mein Name ist
Regina Zickler.
Ich könnte ein Denkmal für die letzten zwei Jahre gebrauchen. Die waren eine Katastrophe. Erst habe ich meine Stelle verloren – ich war Leiterin in einem Lebensmittelgeschäft. Dann ist meine Mutter gestorben. Dann kam mein Mann ins Krankenhaus. Und dann ist auch noch das Wasserrohr gebrochen.

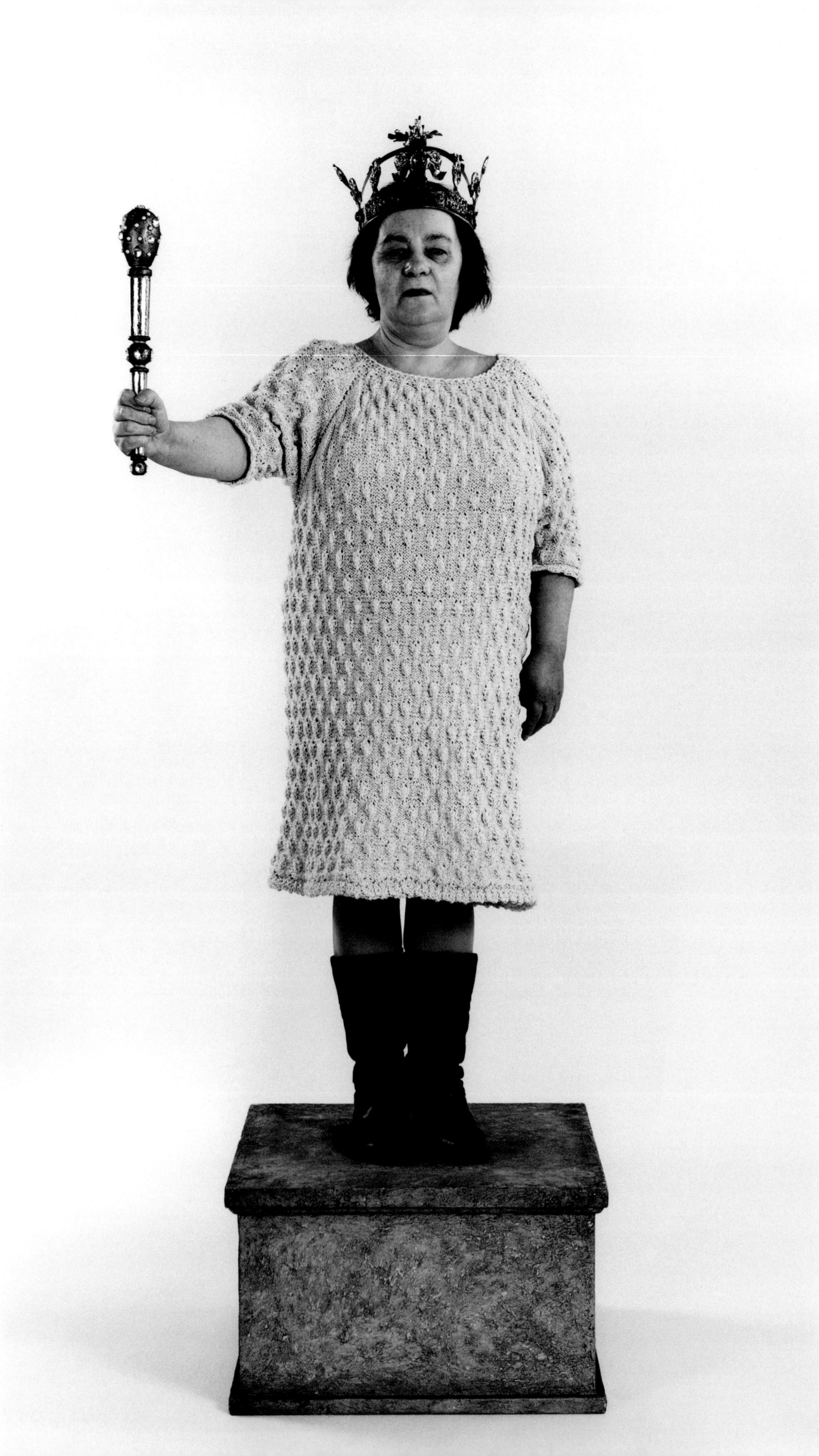

Mein Name ist Maria Blanke. Mein Denkmal ist für meine unveröffentlichten Romane. Ich habe an der Nikolaus-Kopernikus-Universität polnische Philologie studiert und war Kulturhausleiter in Karlino. "Die Königin des Winters" hieß mein erstes Theaterstück. Ein Weihnachtsmärchen mit einer Frau in der Hauptrolle und keine Weihnachtsmänner etcetera.

Mein Name ist
Agnes Krakau.
Ich war Direktions-sekretärin bei Orenstein & Koppel und habe im Krieg vier Kinder durch-gebracht. Als mein Mann aus der Gefangenschaft kam, wollte er, daß ich aufhöre zu arbeiten. Ich wollte nicht – da hat er sich scheiden lassen. Aber ein Denkmal dafür...?

Mein Name ist Münnever Gündüz. Ein Denkmal? Dafür daß ich nicht mehr obdachlos bin. Jeden Morgen um 8 Uhr bin ich mit dem Kinderwagen raus aus dem Frauen wohnheim und habe gesucht. Es war so kalt, daß die Milch in der Flasche gefroren ist. Wenn abends überall die Lichter angingen, stand ich draußen. Und dann, endlich, habe ich eine Wohnung gefunden.

Mein Name
ist Maria Daniel.
Ein Denkmal ...
für mich? Manchmal
denke ich, ich wär'
besser tot. Damals
ist ein großer Last-
wagen gekommen.
Wir mußten alle
drauf. Da hat meine
Mutter geflüstert:
Los, spring! Vater,
Mutter, Schwestern,
Brüder – alle nach
Auschwitz. Alle tot.

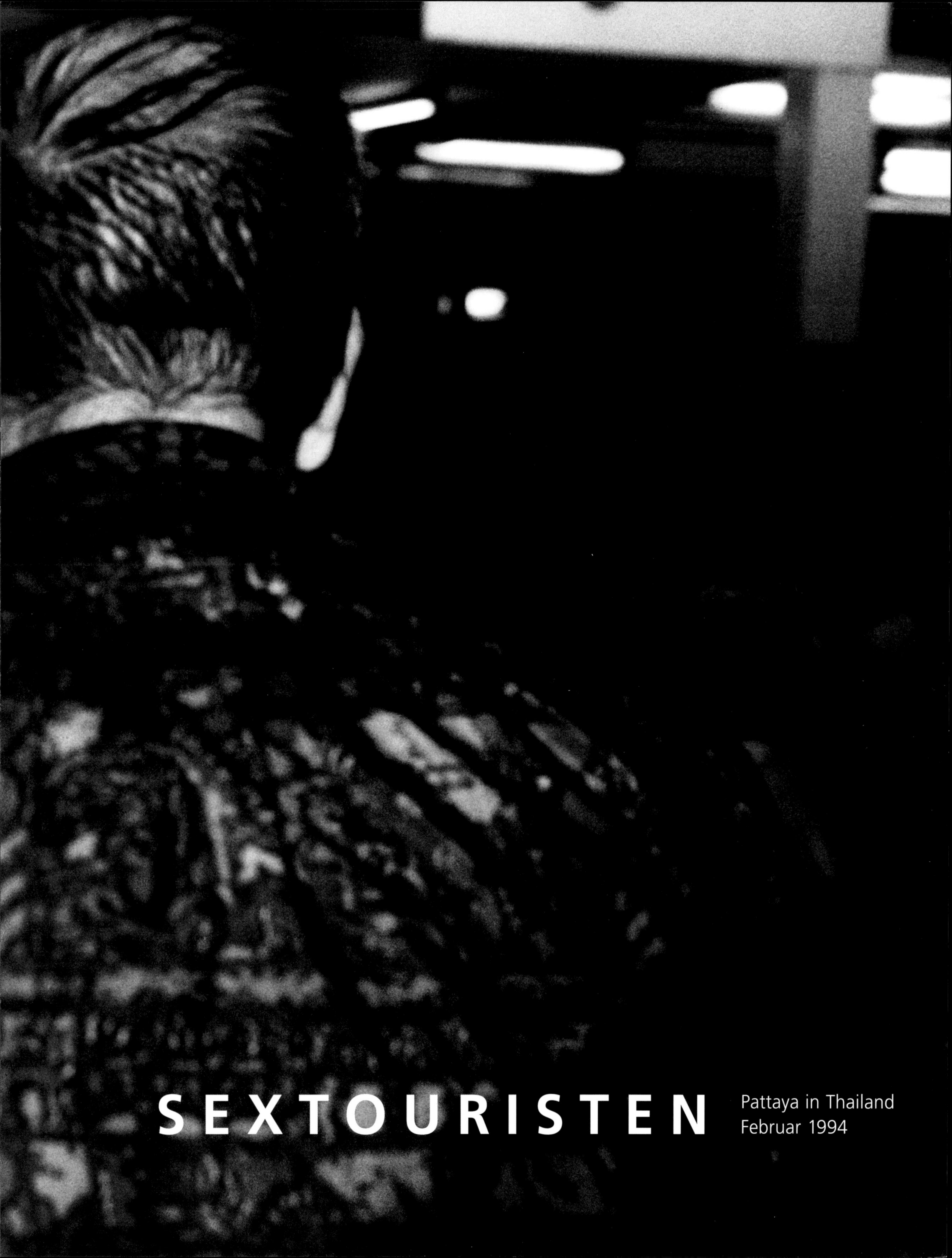

SEXTOURISTEN

Pattaya in Thailand
Februar 1994

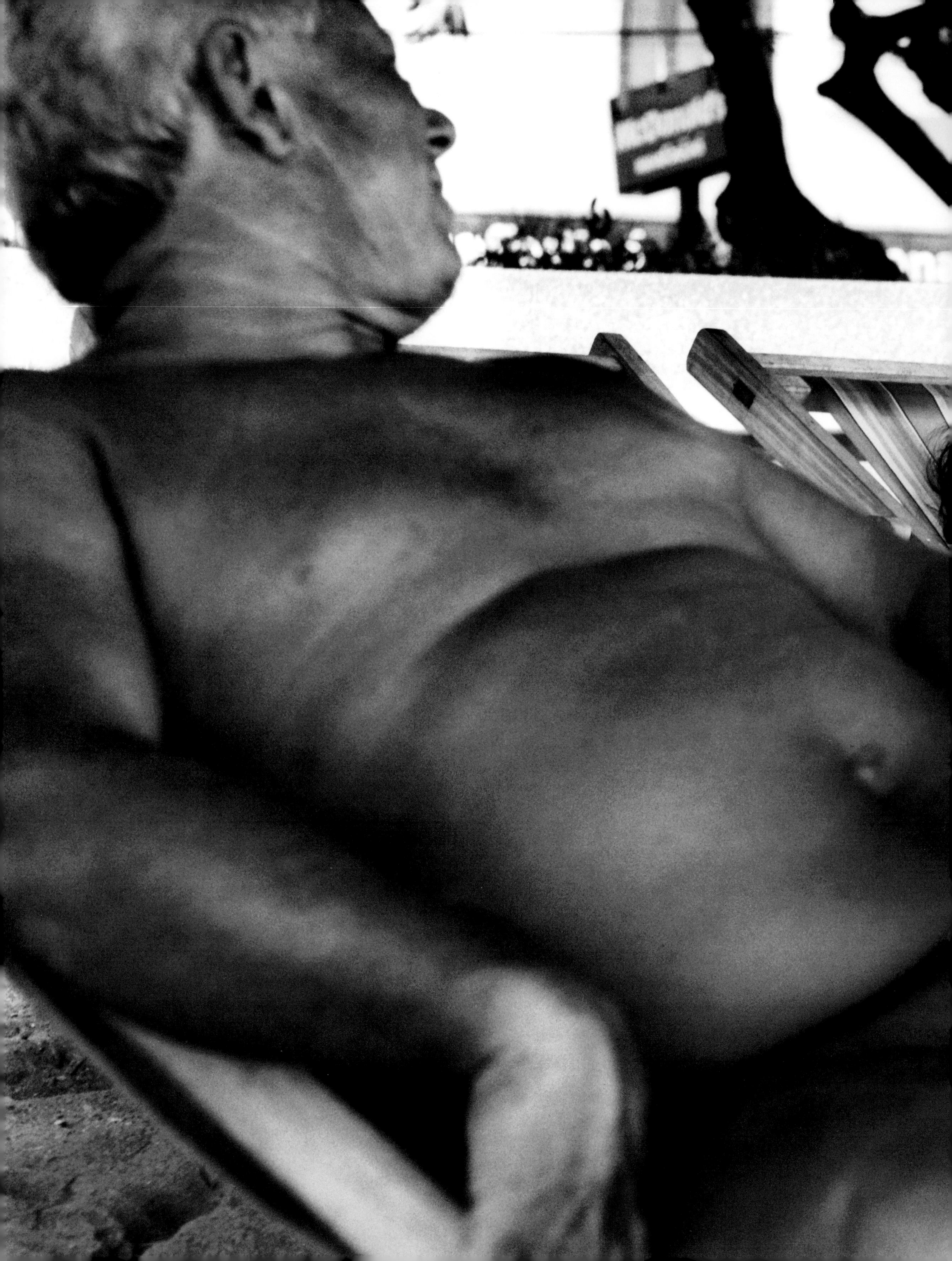

NISSAN
URVAN

ENGLISCHE ÜBERSETZUNG/ENGLISH TRANSLATION

SIEGEREHRUNG/ WINNER'S LAURELS

Olympic Stadium Berlin, Summer 1992
For what personal achievment would you like to be honoured for?

S. 29 Honoured...? What I should be honoured for? I used to be a wrestler, but I'm far too old for that now. I keep the Olympic Stadium clean, I clean up everything. You don't get honoured for doing that.

S. 30 Recognition? Oh, I had enough recognition in my life. I went for the Golden Sport Award when I was 60, and got it. They all said, 'Go, on Mummy, go for it.'

S. 31 What I deserve a monument for? Er... for having had a hundred women in one night, for example.

S. 32 I've been working here at the Olympic youth hostel for 25 years. I prepare about 200 breakfasts and suppers every day. I'd like to be put on a pedestal for all that work. But try telling my boss that!

S. 33 What I'm proud of? That I go out on the street without being scared. I was in a psychiatric hospital for 20 years. Since I was six years old. Because I was always scared. Now I go to every football game. "Hertha Berlin" is my favourite team. But they always loose.

S. 34 Just once in my life I'd like to be honoured for being so thrifty. In my household nothing is thrown away. Everything is put to good use. Every day I run from one shop to the other, until I find the best bargain.

S. 35 Right here my father stood in 1936 and blew the fanfare, an ardent member of the Hitler youth. I'm in the army. They never say: Well done. That's why I go boxing. There I get the respect I deserve.

MARLENE

Cemetery Friedenau Berlin, 16th May 1992
What do you think about Marlene Dietrich burial in her native town Berlin?

S. 38 Well, first she earned herself a packet here, then she disappeared off to America. And when she was down and out there too, she thought she could still impress the Berliners. But we havn't forgotten. Now she's buried over there, the old cow.

S. 39 I think it's ok that she is here again. Don't you? Sternberg, who brought her to America, he knew he could make money out of her. It was all rich Jews anyway who made her famous.

S. 42 Who does that woman think she is? She amused the American troops, why didn't she do that for our boys? People say she wasn't really an actress, she was a whore...

S. 43 Do I like Marlene Dietrich? Not at all. Definitely not. She just wasn't a true german anymore. We weren't allowed to wear those garters she wore. Well, I preferred Marika Rökk.

S. 44 Some people say she is a traitor... The most beautiful legs in the world? Well, has anybody ever measured them?

REPORTAGE AUS DEM NIEMANDSLAND/ REPORT FROM NO MAN'S LAND

Bounder line in Berlin after the Wall fell
Spring/Summer 1990
How are you feeling here now?

S. 46 From the East? Not us. We've been living in Kreuzberg for 30 years now. We've never been to the other side. No intention of going there now either. What would we want to do there?

S. 47 What? You're not married? You are a single parent then. Like my mother. She says we're all going to be out of work.

S. 48 I cleared out from the East in 1960. Used to be a miner in Lausitz. When I wanted to visit mother I always had to pay entrance at the border. A fine state of affairs, that was!

S. 49 I get 500 marks a month. A meal used to cost me 30 pfennigs, now it comes from the West and as of next week it'll cost 4 marks. I'll stop eating and start saving for my funeral.

S. 50 How we got out of the East? In diving suits. Half an hour under water. We'd rather have been shot to death. Now we're doing fine.

S. 51 Some of those who got out come back here now and show off. With big cars and the like. You should never forget where you come from.

S. 52 My parents were reds. Everything used to be so lax here. I was in prison for five years for trying to escape. Now I've joined the French Foreign Legion.

S. 53 I spent 3 years in the concentration camp at Dachau. And when my divorce is through, I'm off to Israel. It's starting all over again. My car was covered with swastikas the other day. I wish you lots of luck in any case. Shalom.

S. 54 Sure it will be hard for us to begin with. But the Germans will all have to stick together now.

S. 55 Yes it was strange at first, when the street suddenly continued on into the East. But then when I went over, the train, the woods... the sounds were just the same.

S. 56 What we're doing here? We work at the Lazarus hospital just over there. We're glad that we can go for a walk here, now. And what about you? You aren't from Berlin, are you?

S. 57 I used to be a tightrope-walker at the circus. I've lived here for 20 years. Whenever somebody stepped on a mine and it exploded, that was a bad omen.

S. 58 People won't keep quiet over there. They'll cause some trouble. But then they'll head for our City Hall in the West. And that'll serve the gentlemen sitting there just right.

S. 59 We'll be on the air in the Tokyo news tomorrow evening. Our comment on the subject: Here you see the wretched state of the Berlin Wall today, 13 August, 29 years after it was erected.

NACHBARN/NEIGHBOURS

Albert-Schweitzer-Straße nos. 21 and 22 in Hoyerswerda, September 1991, after the riots of Germans against foreigners with whom they have been living wall to wall for years
What really happened?

S. 62 For four days, the neighbours gathered down there at 2 o'clock every afternoon. Two hours later they were joined by the skinheads. Full of schnapps. And kicking up a racket. The neighbours egged them on. And they beat up the girls who had been to see us. Even before that they used to shout at us, 'Go back to the bush, nigger!'

S. 63 Nuthin' against the chinks, they know how to work. But the niggers – they don't care about anything except their bush music and laying women. When we cleaned out the refugee hostel after it was empty, we wouldn't touch anything without gloves on.

S. 64 I stand at the window every night and look out. This is no life anymore. I can't eat properly anymore, I can't sleep. Not all Germans are bad but when I see four of them together I cross the street.

S. 65 You should have seen what they used to cart out of the Intershops. Video recorders and Adidas sneakers. Stuff we could only dream about. And then they'd tell us they didn't have any money. To put it bluntly, we're glad when they are gone.

S. 66 Stuck in here all the time. Sometimes I don't even know what time it is. The other day I went down to the door and somebody said: You pig. For no reason at all. And when I sneak out to the supermarket early in the morning, the cashier always asks me the same question, 'What, you are still alive?'

S. 67 We didn't mind the Polish wogs, the chinks and the Ali Babas. But the niggers are too much. We're both on the dole, but the niggers, they have work. They act like they're the kings of Albert-Schweitzer-Straße.

S. 68 Sometimes the neighbours used to invite me in for coffee. Now they stand on the street and clap when others insult us and throw stones at us. I'm scared, like I was at home during the war, in Vietnam.

S. 69 It really shouldn't have got that bad... But still I am relieved that they'll soon be gone. During the day, I am all alone here. The whole business frightens me.

S. 70 My workmate was down there throwing stones a few days ago. I've been working with him for 5 years. 'Why did you do it?' I asked him the next day. He just shrugged his shoulders. For them we're all just foreigners. But we are still human beings.

S. 71 If a foreigner, let's say a Russian, behaves normal, like me for example, then I don't have anything at all against him. But like that... In the papers they wrote: 'No foreigners left in Hoyerswerda'. I tell you, there's a lot to be said for that.

S. 72 Even in the past we had to stay out of sight. Go dancing at the disco? "Hey nigger, scram!" Go to a restaurant? "Bring your own knife and fork with you next time! You don't expect us to use the same fork as you, do you?"

S. 73 The people in this block have started to ignore me because my boyfriend lived at No. 20. In the past they'd just whisper behind our backs. Now they shout 'nigger whore' at me from the street. In March he went back to Mozambique. Since then I've had no news of him...

WOLGOGRAD
Stalingrad, 50 years after, May 1996
How do you feel about Germany today?

S. 76 My father always spoke well of the Germans. He said they were so accurate in everything they do. As an orderly at the front I got a different impression. Many people here are still spiced with shrapnel. Marianna Mirzoyan, 72, doctor.

S. 77 I am a native of Stalingrad. The war took me all the way to Berlin. I brought home a souvenir, an S 35 fragment in my brain. My brothers gave food to German POWs. Anatoli Papkin, 79, driver.

S. 78 How do I feel about it? My grandfather was sent to a concentration camp. Seven of my mother's brothers died in the war. Everybody here lost loved ones. Sorry for them all. Galina Oreshkina, 42, physics teacher.

S. 79 When I was still in the Communist Youth League, I had a negative attitude because of the war. My grandfather died here. We have a proverb: He who wants to restore the past, shall be blinded. Aleksander Gurbanow, 40, Warentester.

S. 80 When I think of Germany, I think of my mother and the bombs coming down... We had a totalitarian system and so did you Germans. We were victims and so were the Germans. But... the Germans attacked us. Natalia Badina, 23, secretary.

S. 81 Germany is a tidy country, a beautiful place. I like German cars, especially BMWs. I'd love to own one. Some day I'd like to live there. Oleg Slashyev, 19, fishmonger.

S. 82 I have never seen Germany. I know there was war there and we celebrate Victory day. Say hello to the German girls and boys from me. I wish them to have always enough to eat. Larissa Trufanova, 7 years old.

S. 83 Germany. What's that? I have never heard about that. And it has never been on TV either. Artjom Anikejew, 8 years old.

MEIN HERZ/MY HEART
Did you ever loose your heart?
If so, with what consequences?

S. 87 I am a Muslim, and I want my freedom. I have decided to lead my own life. That hasn't been easy, and my heart is often heavy... But it has made me strong.

S. 88 My heart belongs to my boyfriend. I have been going with Mhamut for a year. I like everything about him. But I don't want to get married. No way! It never works out.

S. 89 My heart? I can't count the times I've lost it. After 15 years Heinz went off to Bad Driburg for spa treatment and met a new flame. Ismail was a married man and went back to Turkey. When Klaus got out of prison, he hit the bottle and died of a brain haemorrhage. He might have been Mr. Right...

S. 90 I am Kurdish. I married, when I was 16. I have seven children: four sons and three daughters. And one husband. My heart belongs to my children.

S. 91 I've never lost my heart. He used to help me lift the heavy crates at the butcher's. And nine months later Mandy arrived. That's not what I thought it would be like...

S. 92 Heart? I don't have a heart. I don't even know what it is. I'm from Naples. It's a tough town. Here in Berlin I live in a squat. I'm holding my own.

S. 93 Four years ago he just got up and left, from one day to the next. I wasn't romantic enough for him. He is the love of my life. I always know what he's thinking. And he knows, what I'm thinking, even now, at this moment. My heart broke the day he left. But it has wings, too.

S. 94 At first I always want to have my own way. And then I back down. Like with David. He was a punk and drank too much. That reminded me of my mother. I lost my parents young... Long before I ran away from home.

S. 95 They all thought I was easy. I had a voice like Zarah Leander. I lost it when I was raped and left lying unconscious in the cold. Later I had a daughter, and she saved my life.

MEIN FEIND/MY ENEMY
Do you have an enemy?
If so, what would you do to him or her, if you could do it without beeing punished?

S. 97 My enemy is everyone who abuses young children. I'd try and talk to them first and then if they didn't understand I'd simply kill them. It's what happened to me between 6 and 13. My father and neighbours.

S. 98 My enemy? Someone who tries to grab my handbag. First I'd ram the tip of the spear into his stomach and then I'd kick him in the legs. And then I'd run away.

S. 99 Our enemy? Daddy! He doesn't give two hoots about her. The kids he has with his new wife are more important to him. He lives in a front appartment now and we live in the back.

S. 100 My enemy is someone from school. He is Turkish too. He is always pulling my headscarf off. I'd chop his head off with this sabre before the school. I wouldn't do it in the school yard, there are always teachers around.

S. 101 My enemy is my ex-husband. I wouldn't kill him in my apartment though, that would be too messy. I'd rather do it at his place. He has white carpet everywhere. Then his new wife would have something to do.

S. 102 My enemy is someone who lives in the same house. He is a two-faced-so-and-so. He tells the landlord stories about the tenants. In the morning he is always working in the garden. I'd really like to choke him – or poison him. I detest the sight of blood, you know.

S. 103 My enemy? The pope! I'd kill him for the good of mankind. I'd go about it quite treacherously. I'd hide behind the curtain while he was holding a speech, and then – suddenly – stab him in the back.

S. 104 My enemy? That's a girl. I went to bed with a guy she was involved with. Now she is telling everybody that I take drugs and such crap. I wish she'd watch a soap instead. One day I'll lure her into a dark alley and put a spear through her.

S. 105 My enemy is a person. I've known him my whole life long. He has only ever treated me with contempt. But I couldn't raise a weapon against him, it goes more to the inside with me. He is 93 now. The day he dies, I will be glad.

MEIN DENKMAL/MY MONUMENT
Do you deserve a monument?

S. 107 My name is Jasmina Dubbel. A monument? For my never-ending struggle. I have to do everything all on my own. I have to be half man and half woman. My father is a Circassian, descending from Turkmenian horsemen. I want always be able to say: I did it myself. All by myself.

S. 108 My name is Renate Zingen. A monument? Sometimes I stand in my cigarette kiosk and think: Why are you standing here in the sweet shop instead of in Parliament in Bonn? I brought up both children alone. Daniel has an African father. He lacks self-assurance, just like me. We both have to struggle.

S. 109 My name is Margarete Schulze. I deserve a monument for all the suffering I've gone through. I used to work a milk bar in Zwickau: 500 marks a month and six kids to feed. My first husband was killed in the war. My second was always at home – with heart trouble. The one I have now has a bad back, he can only sit or lye down. But me, I can tapdance.

S. 110 My name is Karolina Kraskiewicz. Once a year I have this nightmare. I am going for a walk picking flowers. All of a sudden a black lid opens: something slimy comes out... and pulls me in. When I wake up, I have stomachache. Maybe you could write: A monument against rape of children and women.

S. 111 My name is Regina Zickler. I could do with a monument for the last two years. They were a complete disaster. First I lost my job – managing a grocery. And then my mother died. Then my husband ended up in hospital. And then the water pipe burst.

S. 112 My name ist Maria Blanke. My monument is for my unpublished novels. I studied Polish language and literature at Copernicus University and managed a cultural centre in Karlino. My first play was called "Winter Queen" – a christmas tale with a woman in the lead role. Instead of Father Christmasses and the other guys.

S. 113 My name is Agnes Krakau. I was a chief secretary at "Orenstein & Koppel" and managed to pull four children through the war. When my husband returned from a POW camp, he wanted me to stop working. I didn't want to, so he got a divorce. Is that worth a monument?

S. 114 My name is Münnever Gündüz. A monument? For the fact that I am no longer homeless. Every morning at 8:oo I left the women's shelter with my pram and looked for what I could find. It was so cold that the milk froze in the bottle. When the lights went on in the evening, I stood outside. An then – at last – I found a place to live.

S. 115 My name is Maria Daniel. A monument... for me? Sometimes I think I'd rather be dead. A big truck came. We all had to climb in. Then my mother whispered: Go on, jump! Father, mother, sisters, brothers – all of them were carted off to Auschwitz. All dead and gone.

BIOGRAPHIE

Bettina Flitner wurde 1961 in Köln geboren. Nach einer Ausbildung zur Filmcutterin beim Westdeutschen Rundfunk studierte sie Filmregie an der Deutschen Film- und Fernsehakademie Berlin. Seit 1986 arbeitet sie als Filmerin und Fotografin, vor allem für Emma und andere Magazine. Seit 1992 ist sie Mitglied der Fotografenagentur laif und seit 1994 Mitglied der Deutschen Gesellschaft für Fotografie. 1995/96 hatte sie eine Gastprofessur an der Kunsthochschule Weissensee in Berlin. Bettina Flitner lebt in Köln und Berlin.

EINZELAUSSTELLUNGEN (Auswahl)

1990 Fotogalerie am Helsingforser Platz, Berlin
1990 Galerie 4, Cheb, Tschechische Republik
1990 Galerie der Fotografie, Bratislava, Slowakische Republik
1991 Elefanten-Press Galerie, Berlin
1991 Goethe-Institut San Francisco
1992 Grauwert-Galerie, Hamburg
1992 Galerie zpaf, Warschau
1992 Goethe-Institute von Atlanta, Montreal, Brüssel, Rotterdam, Warschau
1992 Fotoinstallation "Mein Feind" in der Schildergasse und Antoniterkirche, Köln
1993 Melkweg Galerie, Amsterdam
1993 Frauenmuseum, Bonn
1994 Goethe-Institut Toronto
1994-96 Fotoinstallation "Mein Denkmal" auf dem Josef-Haubrich-Hof, Köln
1995 Fotoforum, Luzern
1996 Fotoinstallation "Der Rächer von Dresden", Festival "Theater der Welt" auf der Augustusbrücke und der Prager Straße, Dresden
1996 Fotoinstallation "Mein Herz" im Lustgarten/Unter den Linden, Berlin
1996 Fotoinstallation "Brückenschlag" auf der Hohenzollernbrücke, Köln
1997 Fotoinstallation "Mein Denkmal" in der Fußgängerzone Leverkusen
1997 Fotoinstallation "Mein Feind" in der Fußgängerzone Potsdam
1997 Fotoinstallation "Mein Feind", Zentrum von Bern
1998 Galerie Condé, Paris
1998 Fotoinstallation "Mein Denkmal" auf dem Marktplatz von Pulheim
1998 "Drei Fotoinstallationen", Suermondt Ludwig Museum, Aachen

GRUPPENAUSSTELLUNGEN (Auswahl)

1991 "Krieg für Frieden?" Elefanten-Press Galerie, Berlin
1993 Berufsverband Bildender Künstler, Köln
1993 "Sie nennen es Liebe", Künstlerhaus Bethanien, Berlin
1993 "Contemporary German Photography", The Light Factory, North Carolina
1994 "Strangers in Paradise", The National Institute of Photography, Rotterdam
1994 "Leben in Deutschland", Rautenstrauch-Joest-Museum, Köln
1995 "Himmel und Erde", Dominikaner Kloster und Fußgängerzone Zeil, Frankfurt a.M.
1995 "2+2", Galerie Teutloff, Köln
1995 "Deutschland-Zyklus", Internationales Bildforum, Herten
1995 Deutsche Fototage, Bonn
1996 "exposition collective mars 96", Goethe-Institut Lille
1996 "summer of photography", Museum of Contemporary Art, Antwerpen
1997 "The garden of Eden", Fotofestival Noorderlicht in Groningen
1997 "Ungleiche Schwestern", Haus der Geschichte, Bonn
1998 "encontros da imagem", Braga, Portugal

BÜCHER

1988 "Nicht als Frau geboren", Portraits berühmter Frauen, Emma-Verlag
1991 "Reportage aus dem Niemandsland", Menschen an der Berliner Mauer, Elefantenpress-Verlag
1995 "Mein Herz – Mein Feind – Mein Denkmal", 3 Fotoessays, Emma-Verlag

FILME

1988 "Ich", Kurzspielfilm, u.a. ARD
1989 "Das Fest", Dokumentarfilm, WDR
1991 "Aktenzeichen XX-ungelöst", Kurzspielfilm
1993 "Mein Feind", Dokumentarfilm, WDR, gezeigt u.a. auf der Berlinale

AUSZEICHNUNGEN

1988 Förderpreis der Deutschen Filmkritik für "Ich"
1988 Preis des Oberhausener Manifests für "Ich"
1991 "Preis für jungen Bildjournalismus" Agfa/Bilderberg für "Reportage aus dem Niemandsland"
1993 Chargesheimer-Preis der Stadt Köln
1995 Projektförderung des Künstlerinnen-Programmes des Berliner Senats
1995 "Prix du public" für den besten ausländischen Kurzfilm für "Mein Feind", Festival Films des femmes, Paris
1995 Preis der Veranstalter der 24. Internationalen Studentenfilmtage, Potsdam
1995 "Preis der Jury für den besten Kurzfilm" für "Mein Feind", Festival Internazionale,Turin
1995 Förderpreis des Landes NRW für junge Künstlerinnen und Künstler
1995 "Prix de la mise en scène" für "Mein Feind", Festival Henri Langlois, Poitiers

SAMMLUNGEN

Haus der Geschichte, Bonn
Sammlung Zeitgenössische Fotografie der Nordstern-Versicherung
Rheinisches Landesmuseum, Bonn